Ilunga NZUMALA

Un pas vers l'avenir

Ilunga NZUMALA

Un pas vers l'avenir

La vie est une symphonie, une mélodie faite de choix, d'épreuves, de rêves et de relations

Éditions Vie

Imprint

Cover image: www.ingimage.com

Publisher:
Éditions Vie
is a trademark of
Dodo Books Indian Ocean Ltd. and OmniScriptum S.R.L publishing group

120 High Road, East Finchley, London, N2 9ED, United Kingdom
Str. Armeneasca 28/1, office 1, Chisinau MD-2012, Republic of Moldova, Europe
Printed at: see last page
ISBN: 978-613-9-59441-2

Sommaire

Avant-propos

Le devenir de l'homme depuis sa prime enfance à l'âge adulte est un parcours parsemé d'épreuves à affronter, de défis à relever et des victoires à remporter.

Faute de repères, à certains pas, l'humain en chacun de nous chancelle et fait de faux-pas. Faut-il glisser dans les récriminations ou, bien au contraire, tenir bon, tête haute et prêt à réexaminer le parcours réalisé, les chutes occasionnées par une analyse superficielle ? *Un Pas vers l'Avenir* trace pour chacun et pour tous, sans complaisance, un chemin nouveau… !

Il exige de revenir sur soi et réfléchir en vue de prendre un nouveau départ en reconsidérant le parcours réalisés pour se remettre en scelle, et repartir, le cœur rassuré. C'est alors qu'on peut voir, poindre à l'horizon une lueur d'espoir vivifiante.

Les réflexions concaténées dans ces lignes ne peuvent laisser son lecteur inactif.

Serait-ce un risque que d'oser un saut qualitatif dans l'univers non encore exploré ? La lecture de ce livre nous en dira des belles !

Jo M. Sekimonyo

Introduction

Cher lecteur, laissez-moi vous emmener dans un voyage profondément personnel, une exploration des mystères de l'existence humaine, vers des choix que nous faisons chaque jour et de l'art de présenter ce pas crucial vers l'avenir. Dans ce livre intitulé "Un Pas Vers l'Avenir," je me permets d'ouvre les portes du monde intérieur : un monde forgé non seulement par mes années d'expérience comme étudiant à la faculté de la Médecine et comme interne en Psychiatrie, mais aussi par mes propres questionnements et découvertes.

L'écriture de ce livre découle d'une passion inextinguible de souci de recherche au fin de vouloir comprendre ce qui nous pousse soit à avancer, soit à surmonter les obstacles et soit encore à réaliser nos rêves les plus profonds. Au fil de ma carrière en Médecine et en Psychiatrie, j'ai été témoin des histoires les plus fascinantes, des luttes les plus intenses, et des triomphes les plus inspirants. J'ai également fait l'expérience de mes propres joies et peines. Tout cela m'a conduit à une quête constante de compréhension du sens et à acquérir de la sagesse et progresser dans la vie.

Ce livre est une exploration philosophique et psychologique de la vie, de la naissance à la mort, de chaque aurore à chaque crépuscule. Vous y trouverez une analyse profonde des décisions que nous prenons, des rêves que nous poursuivons, des obstacles que nous affrontons, et des principes qui peuvent nous guider vers le succès et l'épanouissement. Mais ce n'est pas un simple manuel de développement personnel, c'est une invitation à une réflexion profonde sur votre propre parcours, à un voyage intérieur pour découvrir ce qui vous motive vraiment.

Au fil des pages qui suivent, je vous convie à un dialogue intime avec vous-même. Vous découvrirez non seulement des histoires inspirantes, des leçons de vie tirées de ma carrière et dans la Psychiatrie mais aussi, des témoignages de personnes ayant franchi des montagnes d'adversité, des conseils pratiques pour surmonter les obstacles qui se dressent sur votre chemin. Mais plus que tout, vous découvrirez une invitation à l'introspection, à la remise en question permanente de vos propres pas, et à la recherche d'un avenir qui vous inspire.

Ce livre est un voyage vers l'inconnu, un pas dans la direction de votre propre avenir. Laissez-vous emporter par la curiosité, la soif de connaissance et le désir de devenir la meilleure version de vous-même. Vous trouverez ici une source d'inspiration, un guide pour prendre des décisions éclairées, et une réflexion profonde sur la signification de la vie elle-même.

Préparez-vous à une aventure passionnante qui à la fois éclaire votre esprit, touche votre cœur et vous pousse à poser le prochain pas avec confiance. Bienvenue dans "Un Pas Vers l'Avenir." Votre voyage commence maintenant !

Chapitre 1

L'AUBE DE LA VIE

Les premiers pas de l'humanité

Au commencement, il y a l'aube. L'aube de la vie, l'aube de l'humanité. La naissance de l'homme est un moment qui transcende le temps et l'espace, un moment où les étoiles elles-mêmes semblent briller plus intensément. C'est dans ce premier souffle, dans ce premier cri, que l'histoire de chaque individu commence.

Il est impossible de ne pas évoquer le célèbre poète Khalil Gibran, qui a écrit : "La vie commence en nous, et la plus haute réalisation de la vie, c'est quand nous apprenons à marcher sans peur et avec amour." Ces premiers pas, ces premiers balbutiements, ils sont le prélude à une symphonie que nous allons composer tout au long de notre existence.

La terre des possibilités infinies

C'est dans ces premiers moments de la vie que nous découvrons la Terre des Possibilités Infinies. Tout semble neuf, tout semble possible. Chaque pas est une aventure, chaque découverte est une victoire. Les tout-petits s'émerveillent devant le monde qui les entoure, et nous, en tant qu'observateurs, nous pouvons ressentir l'énergie pure de la curiosité.

Rappelez-vous la célèbre citation d'Albert Einstein : "La curiosité est une chose naturelle pour l'esprit humain, et chaque enfant est un scientifique né." Ces premiers pas, souvent maladroits et hésitants, sont en réalité des expériences scientifiques. Chaque objet, chaque coin de la pièce est exploré avec une intensité qui ne se retrouvera peut-être plus jamais dans la vie.

C'est un moment qui rappelle le pouvoir de la découverte et de la curiosité

Cependant, il est important de noter que ces premiers pas ne se limitent pas à l'apprentissage physique. Ils marquent également le début de la découverte de soi. L'enfant commence à comprendre sa propre existence, à percevoir le monde qui l'entoure, à différencier le "moi" du "non-moi". C'est un moment qui rappelle le pouvoir de la découverte et de la curiosité.

Permettez-moi de partager l'histoire de Marie Curie, la pionnière de la recherche sur la radioactivité. Dans son enfance en Pologne, elle posa ses premiers pas sur le chemin qui la conduisait à devenir l'une des scientifiques les plus éminentes de l'histoire. Son insatiable curiosité, sa détermination à comprendre le monde invisible de l'atome, tout cela a commencé par les premiers pas de son esprit vers l'inconnu.

Le passage du temps

Le temps s'écoule inexorablement, et ces premiers pas laissent place à une multitude d'autres. Chaque étape de la vie est marquée par des débuts ou des commencements, des premiers pas dans de nouvelles directions. Comme l'a écrit Rainer Maria Rilke, "Nous vivons nos vies, voyageant d'une étoile à l'autre, jusqu'à ce que nous ayons appris à aimer l'univers."

Dans la deuxième partie de ce chapitre, nous explorerons la manière dont ces premiers pas influencent notre parcours ultérieur, comment ils forgent notre identité et comment ils nous préparent à affronter les défis de la vie. Nous allons plonger plus profondément dans la psychologie de la naissance et des premières années de l'enfance pour comprendre comment ces premiers pas sont à la fois le fondement et le catalyseur de notre avenir.

Mais avant de tourner cette page, prenons un moment pour nous rappeler que chaque pas que nous posons, qu'il soit le plus petit ou le plus hésitant est un pas vers l'avenir, vers la découverte, vers l'accomplissement. L'aube de la vie est un cadeau précieux, et chaque aube suivante est une nouvelle opportunité de briller.

L'importance de ces premiers pas pour amorcer son voyage dans la vie

L'importance de premiers pas dans la vie humaine ne peut être sous-estimée. Ces moments fragiles et précieux forment les fondations de notre existence, façonnent notre identité et jettent les bases de notre avenir. Comme le philosophe chinois Lao Tseu l'a si sagement exprimé : "Un voyage de mille kilomètres commence toujours par un premier pas." Dans cette deuxième partie de notre exploration, nous allons plonger dans le profond labyrinthe de ces premiers pas et découvrir comment ils nous préparent à entreprendre notre voyage dans la vie.

La construction de l'identité

Dès les premiers pas, l'individu commence à se construire. L'enfant apprend à reconnaître son propre corps, à distinguer le "moi" du "non-moi". Chaque pas est un pas vers la définition de son identité. Comme l'a dit Carl Jung, le célèbre psychanalyste suisse, "Le soi ne devient pas conscient de lui-même tout seul. Il a besoin des limites et des frontières fournies par le monde extérieur."

Prenons l'exemple d'un enfant qui fait ses premiers pas vers un miroir. Il regarde son reflet en touchant le verre froid, il réalise que cette image reflétée est lui-même. Ce moment simple est l'un des premiers pas vers la construction de son identité. Il apprend à se reconnaître, à se définir, à se différencier du reste du monde.

Ces premiers pas sont des jalons cruciaux dans le développement de l'estime de soi. L'enfant commence à percevoir sa propre valeur, à ressentir qu'il existe en tant qu'individu unique. Les fondations de la confiance en soi sont posées, et cette confiance est essentielle pour affronter les défis futurs de la vie.

La curiosité et l'apprentissage

En marchant dans le monde, l'enfant explore, découvre et apprend. Chaque pas est une aventure, chaque coin de rue une nouvelle opportunité d'apprendre quelque chose de nouveau. Comme l'a souligné Leonardo da Vinci, "Apprendre est le seul plaisir qui égale celui de l'enseignement."

Ces premiers pas ouvrent la porte à une soif inextinguible de connaissance. L'enfant observe les oiseaux dans le ciel, touche les feuilles des arbres, ressent la texture du sol sous ses pieds nus. Chaque expérience devient une source d'apprentissage. Ces moments de curiosité sont le socle sur lequel repose tout notre futur apprentissage, tout notre désir de comprendre le monde qui nous entoure.

La confiance et le courage

Pour faire ces premiers pas, l'enfant doit surmonter la peur naturelle de l'inconnu. Chaque pas est un acte de courage, une déclaration audacieuse de confiance envers l'environnement. Comme l'a affirmé Nelson Mandela, "Je ne perds jamais. Soit je gagne, soit j'apprends."

Chaque fois que l'enfant se relève après une chute, il renforce sa résilience et sa détermination. Ces premiers pas constituent une leçon de persévérance qui l'accompagnera tout au long de sa vie. La capacité à affronter l'incertitude, à surmonter les obstacles, et à continuer à avancer envers et contre tous se transforme en une compétence précieuse qui trouve ses racines dans ces premiers moments de la vie.

Les premiers pas dans l'inconnu

Enfin, ces premiers pas nous préparent à marcher dans l'inconnu. Ils nous inculquent la curiosité, la confiance en nous-mêmes et la résilience nécessaire pour explorer de nouveaux horizons, pour faire face à de nouveaux défis, pour entreprendre notre voyage dans la vie avec détermination et optimisme.

Chaque nouveau jour est une invitation à faire d'autres pas, à avancer vers un avenir plein d'opportunités et d'aventures. Mais n'oublions jamais que ces premiers pas, aussi modestes soient-ils, sont très importants. Au bout du compte, Ils deviennent le socle sur lequel nous bâtissons nos vies, le point de départ de notre voyage extraordinaire.

Chapitre 2

LES FONDATIONS DE L'EXISTENCE

Première Partie : L'éveil à la vie

Dans ces premières années de l'enfance, chaque être humain entreprend un voyage extraordinaire, un voyage à travers les mystères de l'existence. C'est une période cruciale où les bases de la vie sont établies, où l'esprit et le cœur s'épanouissent pour la première fois. Comme l'a si bien dit Maya Angelou, "Nous grandissons à travers ce que nous traversons." C'est dans cette première partie de notre exploration que nous plongerons dans le monde de l'enfance et de l'apprentissage des fondations essentielles qui nous accompagneront tout au long de notre vie.

Les racines de la connaissance

Les premières années de l'enfance sont un temps de découverte et d'apprentissage constants. Chaque instant est une opportunité d'acquérir de nouvelles connaissances, de comprendre le fonctionnement du monde qui nous entoure. Comme le disait Socrate, "L'éducation est la clé pour déverrouiller la porte en or de la liberté."

L'enfant observe, questionne, explore. Il apprend à parler, à marcher, à manger. Ces compétences de base, bien que prises par l'adulte pour acquises à l'âge accompli, sont en réalité les fondations de notre existence. Elles nous permettent de communiquer, de nous déplacer, de survivre. Chaque petit pas de l'enfant est un pas vers la maîtrise de ces compétences fondamentales.

La formation de la personnalité

C'est pendant ces premières années que la personnalité commence à prendre forme. Les expériences vécues, les interactions avec les parents, les proches, avec ce monde extérieur. Tout contribue à façonner qui nous sommes en tant qu'individu. Comme l'a suggéré le psychologue suisse Jean Piaget, "Nous ne cessons jamais d'explorer, et la fin de toutes nos explorations sera d'arriver là où nous avons commencé, de connaître cet endroit pour la première fois."

Chaque sourire, chaque câlin, chaque réprimande, chaque encouragement - tout cela laisse une empreinte sur l'âme de l'enfant. C'est le début de la compréhension de soi, de la perception de son propre rôle dans le monde, et de la formation de ses premières relations interpersonnelles.

La quête de la sécurité et de l'amour

Au cœur de ces premières années se trouve la quête fondamentale de la sécurité et de l'amour. L'enfant dépend entièrement de ses parents et de son environnement pour répondre à ses besoins physiologiques, émotionnels et psychologiques. Comme l'a déclaré John Bowlby, un psychanalyste britannique, "L'attachement est un besoin de tout être humain, jeune ou vieux."

L'amour et la sécurité sont les piliers sur lesquels repose la confiance de l'enfant envers le monde. C'est dans l'acceptation inconditionnelle, dans le soutien émotionnel, dans la chaleur des bras qui le tiennent que l'enfant apprend à se sentir en sécurité dans ce monde souvent incertain. Ces premiers pas dans la confiance et l'amour sont essentiels pour construire des relations saines et durables à l'âge adulte.

La poussée vers l'indépendance

Enfin, ces premières années sont également marquées par une poussée vers l'indépendance. L'enfant commence à explorer le monde par lui-même, à faire ses premiers choix, à prendre des décisions, même s'ils sont parfois maladroits. Comme l'a dit Helen Keller, écrivaine et militante américaine, "La vie est soit une aventure audacieuse, soit rien du tout."

C'est dans cette quête d'indépendance que l'enfant pose les premiers jalons de sa future autonomie. Chaque petit pas vers l'autosuffisance, aussi minime soit-il, est une victoire qui renforce sa confiance en lui-même et son désir de devenir un individu indépendant et capable.

En définitive, les premières années de l'enfance sont le terreau fertile où les bases de l'existence sont plantées. C'est une période de découverte, d'apprentissage, de formation de la personnalité, de quête de sécurité et d'amour et de poussée vers l'indépendance. Ces fondations solides nous préparent à entreprendre le voyage de la vie avec détermination, en nous donnant les outils nécessaires pour surmonter les défis qui nous attendent.

Comment les expériences de l'enfance façonnent les futurs pas de l'individu

L'enfance, cette période de découvertes et d'apprentissage, est bien plus que des souvenirs mignons et des moments fugaces. Elle est la forge de l'individu que nous devenons. Chaque expérience, chaque interaction, chaque émotion, sont autant de briques qui construisent les fondations de notre personnalité et qui guident nos pas futurs. Comme l'écrivain français Marcel Proust l'a si élégamment formulé : "Nous n'avons pas à guérir de notre enfance, mais plutôt à faire d'elle l'alliée inconditionnelle de notre être." Dans cette seconde partie de notre exploration, nous plongerons dans le pouvoir des expériences de l'enfance pour façonner notre destinée.

La formation des croyances et des valeurs

Pendant l'enfance, notre esprit est comme une éponge, absorbant tout ce qui nous entoure. Les croyances et les valeurs qui nous sont inculquées à ce stade deviennent les filtres à travers lesquels nous percevons le monde tout au long de notre vie. Comme le philosophe grec Épicure l'a exprimé : "La justice naît de l'équité, mais l'équité est la première de toutes les choses."

Imaginez un enfant grandissant dans un environnement où l'altruisme et la solidarité sont valorisés. Les expériences de l'enfance lui apprendront à considérer ces valeurs comme essentielles. Il sera plus enclin à faire preuve d'empathie envers les autres, à tendre la main pour aider, à poser des pas empreints de générosité. En revanche, un enfant élevé dans un environnement où la compétition et l'individualisme sont encouragés aura tendance à façonner son avenir en fonction de ces croyances.

Les relations interpersonnelles

Nos premières expériences de l'enfance sont souvent liées à nos relations avec nos parents, nos frères et sœurs, ainsi que nos pairs. Ces interactions influencent profondément notre capacité à établir et à maintenir des relations saines à l'âge adulte. Comme l'a dit Margaret Mead une anthropologue américaine, "Les enfants doivent être enseignés à penser, non pas ce qu'il faut penser, mais à réfléchir par eux-mêmes."

Un enfant qui grandit dans un environnement où il se sent aimé, soutenu et en sécurité développera une image positive de lui-même et des autres. Il sera plus enclin à établir des relations interpersonnelles positives, à faire confiance et à coopérer. En revanche, un enfant qui vit des expériences négatives, comme le rejet ou l'abus, peut développer des tares émotionnelles qui influenceront sa capacité à établir des liens sains et durables.

La gestion des émotions

Les premières années de l'enfance sont également le laboratoire où nous apprenons à gérer nos émotions. Comment l'enfant réagit-il face à la frustration, à la colère, à la tristesse ? Ces réponses émotionnelles deviennent des habitudes qui continueront de l'influencer à l'âge adulte. Comme l'a écrit Victor Hugo, "Les larmes sont les mots silencieux du chagrin."

Un enfant qui apprend à exprimer ses émotions de manière saine et constructive est plus susceptible de maintenir des relations harmonieuses et de faire face aux défis de la vie avec résilience. En revanche, un enfant qui réprime ses émotions ou les exprime de manière destructrice peut rencontrer des obstacles dans sa quête de bien-être émotionnel.

La créativité et l'imagination

Enfin, l'enfance est le terreau fertile de la créativité et de l'imagination. Les enfants voient le monde avec des yeux neufs, prêts à explorer des mondes imaginaires, à créer des histoires et à rêver de possibilités infinies. Comme l'a dit Albert Einstein, "L'imagination est plus importante que la connaissance, car la connaissance est limitée, tandis que l'imagination englobe le monde entier."

Les expériences de l'enfance qui encouragent la créativité et l'exploration laissent une empreinte indélébile sur notre capacité à innover, à penser en dehors des sentiers battus et à voir le potentiel là où d'autres voient des limites.

En conclusion, les expériences de l'enfance sont les fondations sur lesquelles repose notre existence. Elles façonnent nos croyances, nos valeurs, nos relations interpersonnelles, notre gestion des émotions et notre créativité. Comprendre l'impact de ces expériences nous permet de prendre conscience de notre propre potentiel et de poser des pas délibérés vers un avenir épanouissant et enrichissant.

Chapitre 3

LES CHEMINS DIVERGENTS

Le pouvoir des choix

La vie est une série de choix, de décisions prises à chaque carrefour de notre existence. Ces choix, souvent apparemment insignifiants, façonnent la trajectoire de notre vie de manière profonde et durable. Dans cette première partie de notre exploration, nous plongerons dans le pouvoir des choix, ces décisions qui commencent à influencer la trajectoire de l'homme.

L'art des choix

Faire des choix est l'un des aspects les plus essentiels de notre humanité. Chaque jour, nous sommes confrontés à une multitude de décisions, depuis les plus simples, comme choisir notre tenue du jour, jusqu'aux plus complexes, comme décider de notre carrière ou de notre partenaire de vie. Comme l'écrivain Robert Frost l'a si poétiquement écrit : "Deux routes divergeaient dans un bois, et moi, j'ai pris celle moins fréquentée, et cela a fait toute la différence."

Chaque choix est une bifurcation sur le chemin de la vie, une possibilité de prendre une direction plutôt qu'une autre. Ces choix ne sont pas uniquement dictés par la logique, mais souvent teintés d'émotions, de valeurs et de désirs. L'art des choix réside dans notre capacité à évaluer les options qui se présentent à nous et à décider en fonction de ce qui résonne le plus profondément en nous.

Les conséquences des choix

Chaque choix que nous faisons comporte des conséquences, qu'elles soient immédiates ou à long terme. Comme le physicien Isaac Newton l'a formulé dans sa troisième loi du mouvement : "À chaque action, il y a une réaction égale et opposée." Nos choix créent des réactions en chaîne qui influencent notre vie et celle des autres.

Prenons l'exemple d'un individu qui choisit de suivre une carrière dans la médecine. Ce choix implique des années d'études et d'engagement, mais aussi la possibilité d'aider de nombreuses personnes et de trouver un sens profond dans sa vie. En revanche, un autre individu peut choisir de se consacrer à la musique, ce qui pourrait entraîner une vie plus imprévisible sur le plan financier, mais aussi la satisfaction de s'exprimer à travers l'art.

Les conséquences de nos choix ne sont pas toujours prévisibles, mais elles sont une partie inévitable de notre parcours. Cependant, ces conséquences ne sont pas uniquement extérieures. Nos choix peuvent également influencer notre état émotionnel, notre santé mentale et notre bien-être général.

La peur des choix

Faire des choix peut être une source de stress et d'anxiété pour de nombreuses personnes. La peur de prendre la mauvaise décision, de faire des erreurs, de regretter son choix peut paralyser certains individus et les empêcher de prendre des décisions importantes. Comme l'écrivain Paulo Coelho l'a dit : "Quand vous voulez quelque chose, tout l'univers conspire pour que vous réalisiez votre désir."

Il est important de reconnaître que la peur des choix est une expérience humaine commune, mais elle ne doit pas nous empêcher d'avancer. Parfois, c'est en faisant des choix et en apprenant de nos erreurs que nous grandissons le plus. Le chemin de la vie est rarement linéaire, mais c'est dans ces détours imprévus que se cachent souvent les plus grandes leçons.

La responsabilité des choix

Enfin, prendre des décisions implique de prendre la responsabilité de leurs conséquences. Comme l'a dit l'écrivain George Eliot, "Le destin est ce que nous faisons dans les limites de nos conditions particulières. Les lois de la nature ne sont pas moins des lois divines parce que nous ne les comprenons pas."

Chacun de nous est responsable de ses propres choix, et cela signifie être prêt à assumer les résultats, qu'ils soient positifs ou négatifs. Prendre la responsabilité de nos choix est un signe de maturité et de croissance personnelle. C'est aussi un moyen de reprendre le contrôle de notre vie et de devenir les architectes de notre propre destinée.

A tout prendre, les choix sont les pivots autour desquels tourne la vie. Ils sont les décisions qui commencent à influencer la trajectoire de l'homme. Chaque choix est une occasion de modeler notre destinée, de façonner notre avenir. Comprendre le pouvoir des choix nous permet de prendre des décisions plus éclairées, de faire preuve de courage face à l'incertitude, et d'assumer la responsabilité de notre propre vie.

L'importance de faire des pas éclairés à ce stade de la vie

Lorsque nous sommes confrontés à des choix cruciaux dans nos vies, il est prudent et sage de faire des pas éclairés. Ces décisions marquent souvent un tournant, pouvant nous conduire vers des horizons de succès, d'épanouissement et de bonheur, ou bien vers des voies sinueuses de regrets et de remords. Dans cette deuxième partie de notre exploration, nous allons examiner pourquoi il est essentiel de prendre des décisions judicieuses à ce stade de la vie.

La vision de l'horizon

À ce stade de la vie, il est essentiel de regarder au-delà de l'horizon immédiat et de réfléchir aux conséquences à long terme de nos choix. Comme l'a écrit Antoine de Saint-Exupéry, "L'avenir, tu n'as point à le prévoir, mais à le permettre." Chacun de nos pas doit être guidé par une vision de l'avenir, une compréhension claire de ce que nous espérons atteindre.

Prenons l'exemple d'un individu qui envisage de créer sa propre entreprise. Il doit considérer non seulement les défis immédiats de la création d'entreprise, mais aussi les implications à long terme sur sa carrière, sa vie personnelle et sa stabilité financière. Une vision claire de l'horizon lui permettra de prendre des décisions éclairées et de persévérer dans les moments difficiles.

L'évaluation des risques et des opportunités

Faire des choix éclairés implique également une évaluation minutieuse des risques et des opportunités. Comme l'a dit le philosophe Sénèque, "Les occasions sont comme les départs de feu : si on les néglige au début, on ne peut plus les éteindre plus tard." Il est essentiel de peser les avantages et les inconvénients de chaque option qui se présente.

Prenons l'exemple d'un individu qui envisage de changer de carrière pour poursuivre sa passion. Il doit évaluer les risques financiers, les défis professionnels et les implications sur sa qualité de vie. Cependant, il doit également considérer les opportunités de réaliser ses rêves, de trouver une plus grande satisfaction dans son travail, et de vivre une vie plus épanouissante.

La réflexion sur les valeurs et les priorités

À ce stade de la vie, il est essentiel de réfléchir sur nos valeurs fondamentales et nos priorités. Comme l'a dit Mahatma Gandhi, "Vos croyances deviennent vos pensées, vos pensées deviennent vos paroles, vos paroles deviennent vos actions, vos actions deviennent vos habitudes, vos habitudes deviennent vos valeurs, vos valeurs deviennent votre destin."

Nos choix doivent être alignés avec ce qui compte le plus pour nous. Si nous sacrifions nos valeurs fondamentales pour une décision, cela peut entraîner des conflits internes et une perte de sens dans nos vies. En revanche, lorsque nos choix sont en harmonie avec nos valeurs, ils renforcent notre identité et notre bien-être.

La prise en compte de l'intuition

L'intuition, cette voix intérieure qui nous guide, joue un rôle non négligeable à ce stade de la vie. Comme l'a déclaré Albert Einstein, "L'intuition est un cadeau sacré et l'esprit rationnel est un serviteur fidèle. Nous avons créé une société qui honore le serviteur et a oublié le cadeau."

L'intuition peut souvent détecter des éléments que l'analyse rationnelle ne peut pas percevoir. Lorsque nous écoutons notre intuition, nous pouvons prendre des décisions qui semblent irrationnelles mais qui s'avèrent être les plus adaptées à notre situation. Cependant, il est essentiel de combiner l'intuition avec une réflexion rationnelle pour prendre des décisions éclairées.

En conclusion, faire des pas éclairés à ce stade de la vie est essentiel pour atteindre nos objectifs et réaliser nos rêves. Cela implique d'avoir une vision claire de l'horizon, d'évaluer les risques et les opportunités, de réfléchir sur nos valeurs et nos priorités, et encore d'écouter notre intuition. Les choix que nous faisons maintenant influenceront notre avenir, et il est de notre responsabilité de les prendre en toute conscience et avec sagesse.

Chapitre 4

LES OBSTACLES SUR LA ROUTE

Première Partie : Les premiers défis de la quête

Dans notre voyage pour atteindre nos objectifs et réaliser nos ambitions, il est inévitable que nous rencontrions des obstacles sur notre chemin. Ces premiers défis, souvent inattendus, peuvent sembler insurmontables, mais ils font partie intégrante de notre parcours. Dans cette première partie de notre exploration, nous allons plonger dans les obstacles qui se dressent devant nous au début de notre quête.

La résistance au changement

L'un des premiers obstacles que nous rencontrons est la résistance au changement, auquel nous sommes tous naturellement enclins. Comme l'a dit le philosophe grec Héraclite, "Le changement est la seule constante dans la vie." Pourtant, même si le changement est inévitable, il peut être difficile à accepter.

Lorsque nous nous lançons dans la poursuite de nos objectifs, cela signifie souvent qu'il faut sortir de notre zone de confort, abandonner des habitudes familières et affronter l'inconnu. La résistance au changement peut se manifester par la procrastination, la peur de l'échec, ou la réticence à quitter notre zone de confort. Cependant, c'est en surmontant cette résistance que nous progressons vers nos objectifs.

La peur de l'échec

La peur de l'échec est un autre obstacle fréquent au début de notre quête. Comme l'a dit J.K. Rowling, l'auteure de la série Harry Potter, "Il est impossible de vivre sans échouer à quelque chose, à moins que vous ne viviez avec une telle prudence que vous pourriez tout aussi bien ne pas avoir vécu du tout."

Lorsque nous nous fixons des objectifs ambitieux, il est naturel d'avoir peur de ne pas réussir. Cette peur peut nous paralyser, nous empêcher de prendre des risques et de faire les choix audacieux nécessaires pour atteindre nos aspirations. Cependant, il est important de se rappeler que l'échec est une étape inévitable sur le chemin de la réussite. Chaque échec est une opportunité d'apprentissage et de croissance.

La gestion du temps et des priorités

La gestion du temps et des priorités peut également devenir un obstacle majeur dans notre quête. Comme l'a écrit Stephen Covey, l'auteur du livre "Les 7 habitudes de ceux qui réalisent tout ce qu'ils entreprennent," "Les priorités sont non pas ce que vous dites, mais comment vous passez votre temps."

Atteindre nos objectifs exige souvent un réalignement de nos priorités et une utilisation efficace de notre temps. Cela peut signifier sacrifier certaines activités ou engagements pour se concentrer sur ce qui compte vraiment. La gestion du temps et des priorités peut être un défi, mais c'est un obstacle que nous devons surmonter pour progresser vers nos aspirations.

La persévérance face à l'adversité

Enfin, l'adversité sous différentes formes peut se dresser sur notre route. Des difficultés imprévues, des revers, des obstacles extérieurs peuvent mettre à l'épreuve notre détermination. Comme l'a écrit Winston Churchill, "Le succès n'est pas final, l'échec n'est pas fatal : c'est le courage de continuer qui compte."

La persévérance face à l'adversité est un élément essentiel pour surmonter ces obstacles. Cela signifie ne pas abandonner lorsque les choses deviennent difficiles, mais plutôt persister avec résilience et détermination. C'est dans ces moments d'adversité que nous découvrons notre véritable force intérieure.

En conclusion, les premiers défis de la quête pour atteindre nos objectifs sont une réalité incontournable. La résistance au changement, la peur de l'échec, la gestion du temps et des priorités, et la persévérance face à l'adversité sont autant d'obstacles qui peuvent se dresser sur notre route. Cependant, c'est en les reconnaissant et en les surmontant que nous avançons vers la réalisation de nos aspirations.

La manière de surmonter ces obstacles et de continuer à avancer

Face aux obstacles qui se dressent sur notre cheminement, il est essentiel de développer des compétences et des stratégies pour les surmonter et continuer à progresser vers nos objectifs. Dans cette deuxième partie de notre exploration, nous allons examiner comment surmonter ces obstacles et maintenir notre élan dans la quête de nos aspirations.

La résistance au changement : se réinventer

Pour surmonter la résistance au changement, il est crucial de se réinventer et de cultiver une mentalité de croissance. Comme le disait le philosophe Friedrich Nietzsche, "Ce qui ne nous tue pas nous rend plus forts." Chaque expérience de changement, aussi difficile soit-elle, est une opportunité d'apprentissage et de développement personnel.

Lorsque nous nous réinventons, nous embrassons le changement comme une chance de grandir et de nous améliorer. Nous pouvons développer notre résilience en faisant preuve de flexibilité mentale, en adoptant une attitude positive envers les défis et en nous adaptant aux circonstances changeantes. La résistance au changement cède alors la place à l'acceptation et à l'exploration de nouvelles possibilités.

La peur de l'échec : Transformer l'échec en opportunité

Pour surmonter la peur de l'échec, il est essentiel de changer notre perception de l'échec lui-même. Comme l'a dit Thomas Edison, l'inventeur de l'ampoule électrique,

"Je n'ai pas échoué. J'ai simplement trouvé 10 000 moyens qui ne fonctionnent pas." L'échec est une étape nécessaire vers la réussite.

Pour transformer l'échec en opportunité, nous pouvons adopter une approche positive envers les revers. Plutôt que de les voir comme des échecs personnels, nous pouvons les considérer comme des expériences d'apprentissage. Chaque erreur nous rapproche de notre objectif, car elle nous enseigne ce qui ne fonctionne pas. La persévérance devient alors la clé pour continuer à avancer malgré les échecs tout en ajustant notre stratégie et en tirant des leçons de chaque expérience.

La gestion du temps et des priorités : La discipline et l'efficience

Pour surmonter les défis liés à la gestion du temps et des priorités, il est nécessaire de développer la discipline et l'efficacité. Comme l'a écrit Benjamin Franklin, l'un des Pères fondateurs des États-Unis, "Perds jamais ton temps, car il est l'étoffe dont la vie est faite."

La discipline consiste à établir des routines et des habitudes qui nous aident à utiliser notre temps de manière judicieuse. Cela peut inclure la planification de tâches prioritaires, l'élimination des distractions et la gestion du temps consacré aux activités essentielles. L'efficacité, quant à elle, implique de maximiser la productivité en utilisant des outils et des méthodes de travail appropriés.

La persévérance face à l'adversité : La résilience

Pour surmonter l'adversité, la clé est la résilience. La résilience est la capacité de faire face aux difficultés, à s'adapter aux circonstances changeantes et à rebondir après des revers. Comme l'a écrit Maya Angelou, auteure américaine, "Vous pouvez rencontrer de nombreux obstacles, mais vous devez toujours garder à l'esprit que votre véritable but est d'atteindre la cible que vous vous êtes fixée."

La résilience se développe en puisant dans sa force intérieure, en s'appuyant sur le soutien social, en adoptant une attitude positive et en apprenant à gérer le stress. L'adversité peut être considérée comme une opportunité de renforcer notre résilience, de devenir plus forts et plus résistants aux défis futurs.

En conclusion, surmonter les obstacles sur la route vers nos objectifs nécessite une combinaison de compétences mentales et émotionnelles. La réinvention, la transformation de l'échec en opportunité, la discipline et l'efficacité dans la gestion du temps et des priorités, ainsi que la résilience face à l'adversité sont des éléments essentiels pour maintenir notre élan. Chaque obstacle peut devenir une occasion de croissance et de réalisation personnelle si nous adoptons les bonnes stratégies et la bonne attitude.

Chapitre 5

LA QUETE DE L'IDENTITE

L'exploration de soi-même

La quête de l'identité est un voyage profond et introspectif qui nous amène à explorer les recoins les plus intimes de notre être. C'est une recherche de notre véritable identité, au-delà des rôles sociaux, des attentes extérieures et des masques que nous portons. Dans cette première partie de notre exploration, nous allons plonger dans l'importance de l'exploration de soi-même.

Le miroir intérieur

L'exploration de soi-même commence par la contemplation du miroir intérieur. Comme l'a écrit Carl Gustav Jung, le célèbre psychanalyste suisse, "Qui regarde dehors, rêve ; qui regarde à l'intérieur, se réveille." Cela signifie que pour découvrir notre véritable identité, nous devons nous tourner vers notre monde intérieur.

La méditation, l'introspection et la réflexion sont des moyens puissants de commencer cette exploration. En observant nos pensées, nos émotions, nos valeurs et nos croyances, nous commençons à comprendre qui nous sommes réellement. C'est un processus qui nécessite du temps et de la patience, mais qui peut apporter des révélations profondes sur notre nature intérieure.

Le décryptage des masques

Au fil de notre vie, nous adoptons souvent des masques sociaux pour nous conformer aux attentes de la société, de la famille, ou des amis. Ces masques peuvent nous éloigner de notre véritable identité, nous faisant perdre de vue qui nous sommes réellement. Comme l'a dit Ralph Waldo Emerson, philosophe américain, "Soyez vous-même ; c'est la seule chose que vous puissiez faire mieux que quiconque."

L'exploration de soi-même implique de décrypter ces masques et de les retirer un par un. Cela peut être un processus délicat, car ces masques sont souvent liés à notre besoin de validation sociale. Cependant, plus nous nous débarrassons de ces artifices, plus nous nous rapprochons de notre véritable essence.

La quête de sens et de purpose

La quête de l'identité est souvent étroitement liée à la recherche de sens et de purpose dans la vie. Comme l'a écrit Viktor Frankl, psychiatre autrichien et survivant de l'Holocauste, "Le sens de la vie est une question qui se pose à chaque individu, à chaque moment. Vous êtes la seule personne qui peut répondre à cette question pour vous-même."

Pour découvrir notre véritable identité, nous devons nous demander quel est le sens de notre existence, ce qui nous passionne profondément, et quel est notre rôle dans le monde. Cela peut être un voyage intérieur ardu, mais c'est un voyage qui peut nous guider vers une vie plus significative et épanouissante.

La confrontation à l'inconfort

L'exploration de soi-même n'est pas toujours un voyage confortable. Elle implique souvent de faire face à des aspects de nous-mêmes que nous préférerions ignorer. Cependant, c'est dans cette confrontation à l'inconfort que se trouve la croissance. Comme l'a dit le philosophe Friedrich Nietzsche, "Ce qui ne tue pas rend plus fort."

Lorsque nous confrontons nos peurs, nos faiblesses et nos zones d'ombre, nous commençons à nous connaître réellement. Nous pouvons identifier les schémas destructeurs qui entravent notre développement personnel et prendre des mesures pour les transformer. C'est un acte de courage qui peut nous conduire à une acceptation plus profonde de nous-mêmes.

En conclusion, l'exploration de soi-même est un voyage profond qui nous mène à la découverte de notre véritable identité. Cela commence par la contemplation du miroir intérieur, la découverte des masques sociaux que nous portons, la quête du sens et du purpose, et la confrontation à l'inconfort. C'est un voyage d'autodécouverte qui peut nous guider vers une vie plus authentique et épanouissante, alignée sur notre véritable essence.

Comment cela affecte les choix et les pas que l'on fait dans la vie

Lorsque nous entreprenons le voyage de l'exploration de soi-même, nous découvrons que cela a un impact profond sur les choix que nous faisons et les pas que nous faisons dans la vie. Notre véritable identité devient le guide intérieur qui influence nos décisions et notre trajectoire. Dans cette deuxième partie, nous allons explorer comment la quête de l'identité affecte nos actions et nos orientations dans la vie.

La clarté des objectifs et des priorités

Lorsque nous avons une compréhension profonde de notre véritable identité, il devient plus facile de définir nos objectifs et nos priorités. Comme l'a dit Sénèque, "Si un homme ne sait pas à quel port il se dirige, aucun vent n'est le bon vent." Notre identité nous guide vers ce qui est authentique et significatif pour nous.

Prenons l'exemple d'une personne qui découvre que sa véritable passion est d'aider les autres à travers l'enseignement. Cette révélation peut la conduire à définir des objectifs éducatifs ou à orienter sa carrière vers l'enseignement, car cela correspond à son identité profonde. La clarté des objectifs et des priorités découle de la connaissance de soi.

La prise des décisions alignées

Lorsque nous sommes en accord avec notre véritable identité, nos décisions sont alignées sur nos valeurs fondamentales et notre mission personnelle. Comme l'a écrit

Roy E. Disney, "Quand vos valeurs sont claires pour vous, vos décisions sont claires pour vous."

Chaque pas que nous faisons dans la vie devient une expression de qui nous sommes réellement. Nos choix deviennent authentiques, car ils reflètent notre véritable essence. Cette congruence entre notre identité et nos actions peut renforcer notre confiance en nous et notre satisfaction dans la vie.

La création de relations authentiques

La quête de l'identité a également un impact sur nos relations avec les autres. Lorsque nous nous connaissons profondément, nous sommes plus en mesure d'établir des relations authentiques. Comme l'a dit Carl Rogers, un psychologue humaniste, "La véritable communication ne commence qu'après avoir écouté."

Nous pouvons choisir des relations qui sont en harmonie avec notre identité et qui nous soutiennent dans notre développement personnel. Les personnes qui nous entourent peuvent également reconnaître notre authenticité et être attirées par notre véritable essence. Cela crée des liens plus profonds et plus significatifs.

La réalisation du purpose de vie

Enfin, la quête de l'identité nous guide vers la réalisation de notre purpose de vie. Comme l'a écrit Friedrich Nietzsche, "Celui qui a un pourquoi pour vivre peut supporter presque n'importe comment." Notre véritable identité nous révèle notre "pourquoi" dans la vie, notre mission personnelle.

Lorsque nous marchons sur le chemin de notre purpose, chaque pas que nous faisons est empreint de sens et de passion. Notre identité devient le carburant qui alimente notre détermination à poursuivre nos rêves et à réaliser notre potentiel maximal.

En conclusion, la quête de l'identité n'est pas seulement un voyage intérieur, mais aussi un catalyseur puissant qui affecte nos choix et nos pas dans la vie. Elle apporte la clarté des objectifs, la prise de décisions alignées, la création de relations authentiques et la réalisation du purpose de vie. Notre identité devient le fil conducteur qui guide notre trajectoire, transformant chaque pas en une expression de qui nous sommes réellement.

Chapitre 6

LES AMBITIONS ET LES REVES

Comment les rêves et les aspirations guident les pas de l'homme

Les rêves et les aspirations jouent un rôle fondamental dans la vie de chaque individu. Ils sont comme des étoiles lointaines qui guident nos pas dans la nuit sombre de l'incertitude. Dans cette première partie, nous allons explorer comment les rêves et les ambitions influencent notre trajectoire dans la vie.

La puissance de l'imagination

Les rêves naissent dans l'imaginaire de l'homme. Comme l'a écrit Albert Einstein, "L'imagination est plus importante que le savoir." Nos rêves sont les produits de notre capacité à imaginer un avenir meilleur, à concevoir des possibilités au-delà de notre réalité actuelle.

Lorsque nous rêvons, nous nous projetons dans un avenir désiré. Nous visualisons nos objectifs, nos aspirations et nos réalisations. Cette visualisation crée une impulsion puissante qui nous pousse à agir pour transformer nos rêves en réalité. L'imagination est le carburant qui alimente notre motivation.

La détermination et la persévérance

Les rêves ne sont pas simplement des fantasmes, ce sont des aspirations qui nous animent profondément. Comme l'a dit Harriet Tubman, une militante abolitionniste, "Chaque grand rêve commence par un rêveur. N'oubliez jamais que vous avez la force, la patience et la passion pour atteindre les étoiles pour changer le monde."

Pour réaliser nos rêves, nous devons faire preuve de détermination et de persévérance. Les obstacles se dressent souvent sur notre chemin, mais la foi en nos rêves nous donne le courage de les surmonter. Chaque pas que nous faisons vers nos rêves devient une déclaration de notre volonté inébranlable.

La quête de sens et de satisfaction

Les rêves et les aspirations donnent un sens à notre existence. Comme l'a écrit Victor Hugo, "Il est des rêves qui ont la forme de l'homme." Nos rêves incarnent nos valeurs, nos désirs les plus profonds et notre vision du monde. Ils nous motivent à agir avec intention.

Lorsque nous poursuivons nos rêves, chaque pas que nous faisons dans leur direction est une source de satisfaction. C'est un voyage vers l'accomplissement personnel et l'épanouissement. Les rêves nous rappellent que la vie a un but, et c'est cette quête de sens qui rend chaque moment précieux.

La capacité de transformer les rêves en réalité

Enfin, les rêves ne sont pas destinés à rester des illusions. Ils ont le pouvoir de devenir des réalités tangibles. Comme l'a dit Walt Disney, "Si vous pouvez le rêver, vous pouvez le faire." Nos rêves nous inspirent à agir, à élaborer des plans, à surmonter les obstacles et à persévérer jusqu'à ce qu'ils se concrétisent.

Chaque personne qui a réalisé un rêve ambitieux a commencé par un simple pas. Que ce soit la conquête de l'espace, la création d'œuvres d'art exceptionnelles, ou la réalisation d'exploits sportifs, chaque réalisation a débuté par un rêve suivi d'un engagement à le poursuivre.

En conclusion, les rêves et les aspirations sont une force motrice puissante qui guide les pas de l'homme. Ils stimulent l'imagination, renforcent la détermination, donnent un sens à la vie et ont le pouvoir de se transformer en réalité. Nos rêves nous rappellent que chaque pas dans la vie peut être un pas vers la réalisation de nos aspirations les plus profondes.

L'importance de garder ces rêves en vie pour maintenir la motivation

Lorsque nous poursuivons nos rêves et nos aspirations, il est essentiel de les garder en vie pour maintenir notre motivation. Nos rêves sont comme des étoiles lointaines qui nous guident, mais pour les atteindre, nous devons les garder constamment à l'horizon. Dans cette deuxième partie, nous allons explorer pourquoi il est important de garder nos rêves en vie pour maintenir notre élan.

Le pouvoir de la visualisation

La visualisation est une technique puissante pour maintenir nos rêves en vie. Comme l'a dit Jim Carrey, l'acteur célèbre, "Vous devez vous visualiser en train de réaliser l'objectif. Votre esprit doit "voir" ce que vous allez accomplir, à chaque étape du chemin."

En visualisant nos rêves, nous les rendons plus tangibles et plus réels. Nous les intégrons dans notre réalité mentale, ce qui renforce notre motivation à les poursuivre. Chaque fois que nous imaginons notre succès, nous renforçons notre engagement à faire les pas nécessaires pour y parvenir.

La création d'objectifs intermédiaires

Pour maintenir la motivation, il est utile de décomposer nos rêves en objectifs intermédiaires plus gérables. Comme l'a écrit Zig Ziglar, conférencier et auteur en développement personnel, "Vous n'avez pas à être grand pour commencer, mais vous devez commencer pour être grand."

En établissant des étapes intermédiaires vers la réalisation de nos rêves, nous créons un chemin progressif et réalisable. Chaque étape représente un pas concret vers notre objectif final, ce qui rend le voyage moins intimidant. Garder ces objectifs intermédiaires en vue nous donne un sentiment d'accomplissement à mesure que nous les atteignons, renforçant ainsi notre motivation.

La persévérance malgré les obstacles

Les obstacles et les revers font partie intégrante de tout voyage vers la réalisation de nos rêves. Comme l'a dit Winston Churchill, "Le succès n'est pas final, l'échec n'est pas fatal, c'est le courage de continuer qui compte."

Pour maintenir la motivation face aux défis, nous devons garder nos rêves en vue. Nos rêves nous rappellent pourquoi nous avons commencé ce voyage et ce que nous espérons accomplir. Chaque fois que nous sommes confrontés à un obstacle, nous pouvons puiser dans notre vision de l'avenir pour trouver la force de persévérer.

Le renforcement de la détermination

La détermination est le moteur qui nous pousse à avancer malgré les difficultés. Comme l'a dit Calvin Coolidge, ancien président américain, "Rien au monde ne peut remplacer la persévérance. Le talent ne le fera pas ; rien n'est plus commun que les hommes talentueux sans succès."

Garder nos rêves en vue renforce notre détermination. C'est comme avoir un phare dans la nuit qui éclaire notre chemin. La clarté de notre vision nous maintient sur la voie, même lorsque les circonstances sont difficiles. Cela nous rappelle que chaque pas nous rapproche de la réalisation de nos rêves.

En conclusion, garder nos rêves en vue est essentiel pour maintenir notre motivation tout au long de notre voyage. La visualisation, la création d'objectifs intermédiaires, la persévérance face aux obstacles et le renforcement de la détermination sont des moyens efficaces de maintenir nos rêves à l'horizon. Nos rêves sont notre boussole intérieure, nous guidant à travers les hauts et les bas de la vie vers l'accomplissement de nos aspirations les plus profondes.

Chapitre 7

LES AMIS ET LES ALLIES

L'influence des relations sociales sur les choix de vie

Les amis et les alliés jouent un rôle fondamental dans la manière dont nous faisons nos choix de vie. Nos relations sociales, qu'elles soient familiales, amicales ou professionnelles, ont un impact profond sur nos décisions et notre trajectoire. Dans cette première partie, nous allons explorer comment les relations sociales influencent nos choix de vie.

Les amis comme miroirs

Nos amis agissent souvent comme des miroirs dans lesquels nous pouvons voir des reflets de nous-mêmes. Comme l'a dit George Herbert, un poète anglais, "Un ami fidèle est un puissant instrument de changement." Nos amis peuvent nous aider à prendre conscience de nos forces, de nos faiblesses et de nos valeurs.

Lorsque nos amis partagent des points de vue, des expériences et des conseils, cela peut influencer nos choix de vie. Leurs réactions à nos décisions peuvent renforcer ou remettre en question nos convictions. Ainsi, nos amis peuvent jouer un rôle clé dans la manière dont nous définissons nos objectifs et prenons des décisions pour les atteindre.

La pression sociale et les attentes

D'un autre côté, les relations sociales peuvent également exercer une pression sur nos choix de vie. Comme l'a dit Erich Fromm, psychanalyste allemand, "L'homme est le seul animal qui est capable de s'auto-domestiquer." Nous pouvons nous sentir poussés à suivre les normes et les attentes de notre groupe social.

Par exemple, si nos amis ou notre famille ont des attentes spécifiques quant à notre carrière ou notre style de vie, cela peut influencer nos décisions, même si cela ne correspond pas nécessairement à nos propres aspirations. La crainte de décevoir nos proches peut nous amener à faire des choix qui ne reflètent pas notre véritable identité.

Le soutien et l'encouragement

D'un autre côté, nos amis et nos alliés peuvent être des sources inestimables de soutien et d'encouragement dans la poursuite de nos rêves. Comme l'a écrit Antoine de Saint-Exupéry, "L'amitié double les joies et réduit de moitié les peines."

Lorsque nous avons des amis qui croient en nous, qui nous encouragent à persévérer dans la réalisation de nos objectifs, cela renforce notre détermination. Leur soutien peut être un catalyseur puissant qui nous pousse à faire des choix audacieux et à suivre notre propre voie.

Les réseaux et les opportunités

Nos relations sociales élargissent souvent nos horizons et nous offrent des opportunités que nous n'aurions peut-être pas eues autrement. Comme l'a dit le philosophe grec Aristote, "L'homme est un animal politique." Notre réseau social peut nous ouvrir des portes vers de nouvelles expériences et des chemins de vie inexplorés.

Par exemple, un ami qui travaille dans un domaine spécifique peut nous présenter à des opportunités professionnelles auxquelles nous n'aurions pas eu accès autrement. Nos relations sociales peuvent ainsi influencer nos choix de carrière, nos voyages, nos loisirs et nos passions.

En conclusion, les amis et les alliés ont une influence profonde sur nos choix de vie. Ils agissent comme des miroirs, exercent une pression sociale, offrent un soutien précieux et ouvrent des portes vers de nouvelles opportunités. Comprendre comment nos relations sociales influencent nos décisions nous permet de prendre des choix de vie plus conscients et alignés sur nos aspirations les plus profondes.

Comment choisir les bonnes personnes pour nous accompagner dans notre voyage

Le choix des bonnes personnes pour nous accompagner dans notre voyage de vie est une option nécessaire qui peut influencer grandement notre trajectoire. Nos amis et nos alliés sont comme des compagnons de route. Et il est essentiel de sélectionner ceux qui partageront nos rêves, nos valeurs et notre vision. Pour mieux faire le choix et mieux comprendre la personne recherchée, il vaut mieux être en dehors de la vie de cette personne. Celui qui regarde une compétition à partir des gradins voit mieux les actions des joueurs plutôt que les joueurs eux-mêmes. Dans cette deuxième partie, nous explorerons comment choisir les bonnes personnes pour nous accompagner dans notre voyage.

Comprendre nos propres valeurs et objectifs

Avant de choisir nos compagnons de route, nous devons d'abord comprendre nos propres valeurs et objectifs. Comme l'a dit Roy Disney, le frère de Walt Disney, "Il y a une grande satisfaction dans la compréhension de ses propres motivations." La clarté sur ce que nous cherchons à réaliser dans la vie nous aidera à sélectionner des amis et des alliés dont les objectifs sont compatibles avec les nôtres.

Pour ce faire, il est important de prendre du temps pour la réflexion personnelle. Quelles sont nos valeurs fondamentales ? Quels sont nos rêves et nos aspirations ? Une fois que nous avons une compréhension claire de nous-mêmes, nous pouvons chercher des personnes dont les valeurs et les objectifs sont en harmonie avec les nôtres.

L'importance de la confiance et de l'intégrité

La confiance et l'intégrité sont des éléments essentiels dans le choix de nos compagnons de route. Comme l'a dit Stephen Covey, l'auteur de "Les 7 habitudes de ceux qui réalisent tout ce qu'ils entreprennent," "La confiance est le fondement de la coopération humaine."

Nous devons choisir des amis et des alliés en qui nous pouvons avoir une confiance totale. L'intégrité est la clé ici. Les personnes intègres sont dignes de confiance, honnêtes et conscient dans leurs actions. Nous devons rechercher des individus dont les paroles correspondent à leurs actes et qui partagent nos valeurs en matière d'éthique et de respect.

Le soutien mutuel

Le soutien mutuel est un pilier important de toute relation fructueuse. Comme l'a écrit Henri Nouwen, un écrivain spirituel, "L'amitié signifie attention, sacrifice et service." Nous devons choisir des amis et des alliés qui sont prêts à nous soutenir dans nos moments de besoin, tout comme nous le ferions pour eux.

Les bonnes personnes pour nous accompagner dans notre voyage sont celles qui croient en nous, qui nous encouragent à poursuivre nos rêves et qui sont là lorsque nous traversons des périodes difficiles. La réciprocité dans le soutien renforce les liens et crée des relations solides.

La communication et l'écoute active

Une communication efficace est un élément clé dans le choix des bonnes personnes pour nous accompagner. Comme l'a dit George Bernard Shaw, "Le plus grand problème de la communication, c'est l'illusion qu'elle a eu lieu." Nous devons choisir des amis et des alliés avec lesquels nous pouvons communiquer ouvertement et honnêtement.

L'écoute active est tout aussi importante que l'expression de nos propres pensées et sentiments. Nous devons sélectionner des personnes qui sont disposées à écouter, à comprendre nos perspectives et à partager les leurs. Une communication authentique et une écoute respectueuse renforcent les relations et favorisent une croissance personnelle mutuelle.

En conclusion, choisir les bonnes personnes pour nous accompagner dans notre voyage est une décision cruciale pour notre développement personnel et notre réussite. Comprendre nos propres valeurs, rechercher la confiance et l'intégrité, favoriser le soutien mutuel, et promouvoir une communication ouverte et l'écoute active sont des éléments clés dans cette démarche. Les bonnes relations enrichissent nos vies et nous aident à atteindre nos objectifs les plus profonds.

Chapitre 8

LES EPREUVES DE LA VIE

Comment faire face à l'adversité et aux moments difficiles

La vie est parsemée d'embuches et de moments difficiles qui mettent à l'épreuve notre résilience et notre détermination. Dans cette première partie, nous allons explorer comment faire face à l'adversité et aux moments difficiles avec force et courage.

Accepter l'inévitabilité des épreuves

Le philosophe grec Héraclite a dit un jour, "La vie est un combat et une lutte perpétuelle." Il est important de comprendre que les épreuves font partie intrinsèque de la vie humaine. Personne n'échappe aux moments difficiles, quelle que soit sa situation ou son statut.

Accepter l'inévitabilité des épreuves nous permet de mieux nous préparer mentalement à les affronter. Plutôt que de les craindre ou de les rejeter, nous pouvons les considérer comme des opportunités d'apprentissage et de croissance.

La résilience et l'adaptabilité

La résilience est la capacité à rebondir après des épreuves et à s'adapter face à l'adversité. Comme l'a écrit Viktor Frankl, psychiatre et survivant de l'Holocauste, "Tout peut être pris à un homme sauf une chose : la dernière des libertés humaines, choisir sa propre attitude dans n'importe quelle circonstance."

Cultiver la résilience signifie développer notre capacité à surmonter les obstacles et à trouver des solutions aux problèmes. Nous pouvons renforcer notre résilience en développant des compétences émotionnelles, en adoptant une attitude positive, et en cherchant un soutien social lorsque c'est nécessaire.

La force de la persévérance

La persévérance est une qualité essentielle pour faire face à l'adversité. Comme l'a dit Winston Churchill, "La persévérance est la qualité qui nous fait continuer lorsque tout le reste échoue." Les moments difficiles peuvent sembler insurmontables, mais la persévérance nous pousse à continuer malgré les obstacles. Un individu ne persévère que quand il laisse agir son être intérieur, son libre arbitre en plaçant totalement sa confiance à l'Etre suprême, en plus d'un travail acharné en faisant de son mieux pour s'effacer pour laisser les autres découvrir son moi profond.

Il est important de garder en tête nos objectifs et nos rêves, même lorsque nous sommes confrontés à des épreuves. La persévérance nous permet de faire des pas concrets vers la résolution de problèmes et de rester concentrés sur l'avenir.

L'importance du soutien social

Lorsque nous traversons des moments difficiles, le soutien social est souvent notre bouée de sauvetage émotionnelle. Comme l'a dit Brene Brown, chercheuse en sciences sociales, "La connexion est la raison pour laquelle nous sommes ici ; elle donne un sens et but à notre vie."

Rechercher le soutien de nos amis, de notre famille ou de professionnels de la santé mentale peut nous aider à faire face à l'adversité auprès d'eux nous pouvons parler de nos épreuves, partager nos émotions et recevoir des conseils ou de l'aide pratique pour soulager notre fardeau. L'homme est appelé à s'ouvrir aux autres pour recevoir aide et assistance.

En conclusion, faire face à l'adversité et aux moments difficiles demande de l'acceptation, de la résilience, de la persévérance et du soutien social. Ces éléments nous aident à traverser les moments sombres de la vie avec force et courage, et nous permettent de continuer à avancer malgré les épreuves inévitables.

L'importance de la résilience pour continuer à avancer malgré tout

La résilience est une qualité précieuse qui nous permet de traverser les épreuves de la vie avec force et de continuer à avancer malgré les obstacles. Dans cette deuxième partie, nous explorerons en détail l'importance de la résilience dans notre capacité à faire face à l'adversité.

La capacité à rebondir

La résilience est souvent décrite comme la capacité à rebondir après des moments difficiles. Comme l'a dit Nelson Mandela, "Le courage n'est pas l'absence de peur, mais la capacité à la vaincre." Les épreuves peuvent nous faire ressentir de la peur, du stress et de l'incertitude, mais la résilience nous donne la force de les surmonter.

Lorsque nous faisons preuve de résilience, nous sommes capables de nous relever après une chute, de nous remettre de nos échecs et de continuer à avancer vers nos objectifs. C'est cette capacité à rebondir qui nous permet de ne pas être découragés par les revers de la vie.

La gestion des émotions

La résilience ne signifie pas ignorer ou refouler nos émotions, mais plutôt les gérer de manière saine et constructive. Comme l'a dit Viktor Frankl, "Entre le stimulus et la réponse, il y a un espace. Dans cet espace se trouve notre pouvoir de choisir notre réponse."

Lorsque nous sommes confrontés à des épreuves, il est naturel de ressentir des émotions telles que la tristesse, la colère ou la frustration. La résilience nous permet de reconnaître ces émotions, de les exprimer de manière appropriée et de les utiliser comme moteurs pour nous aider à surmonter les difficultés.

La résolution de problèmes

La résilience va de pair avec la capacité à résoudre des problèmes de manière efficace. Lorsque nous sommes confrontés à des épreuves, il est important de prendre du recul, d'analyser la situation et de rechercher des solutions possibles.

Comme l'a dit Albert Einstein, "Nous ne pouvons pas résoudre nos problèmes avec le même niveau de pensée que celui qui les a créés." La résilience nous pousse à adopter une perspective différente et à trouver des solutions créatives pour surmonter les obstacles.

La croissance personnelle

La résilience favorise la croissance personnelle. Les épreuves de la vie nous offrent souvent l'occasion de développer de nouvelles compétences, de renforcer notre caractère et de gagner en sagesse.

Comme l'a dit Haruki Murakami, écrivain japonais, "Pain is inevitable. Suffering is optional." Les moments difficiles nous font souvent grandir, et la résilience nous permet de tirer des leçons de nos expériences et de devenir des versions améliorées de nous-mêmes.

En conclusion, la résilience est un atout précieux pour faire face à l'adversité et continuer à avancer malgré tout. Elle nous permet de rebondir après des épreuves, de gérer nos émotions, de résoudre des problèmes de manière efficace et de connaître une croissance personnelle. Cultiver la résilience est un bon investissement pour notre bien-être et notre succès à long terme.

Chapitre 9

LES LEÇONS DU PASSE

L'analyse rétrospective des pas précédents et des erreurs commises

L'examen du passé est un acte essentiel pour notre développement personnel et notre progression dans la vie. Dans cette première partie, nous plongerons dans l'importance de l'analyse rétrospective de nos pas précédents et des erreurs commises.

Comprendre l'utilité de l'analyse rétrospective

Comme le célèbre philosophe George Santayana l'a dit, "Ceux qui ne peuvent se rappeler le passé sont condamnés à le répéter." L'analyse rétrospective de nos actions passées nous permet d'éviter de répéter les mêmes erreurs et de progresser vers un avenir meilleur.

Lorsque nous prenons le temps de regarder en arrière et d'examiner nos choix, nous sommes en mesure de discerner les schémas de comportement récurrents, les décisions qui ont conduit à des succès et celles qui ont abouti à des échecs. Cette compréhension nous permet d'ajuster notre trajectoire pour atteindre nos objectifs avec plus d'efficacité.

La responsabilité personnelle

L'analyse rétrospective implique de prendre la responsabilité de nos actions passées, qu'elles aient été positives ou négatives. Comme l'a dit Antoine de Saint-Exupéry, "On est responsable non seulement de ce que l'on fait, mais aussi de ce que l'on ne fait pas."

Il est facile de blâmer les circonstances ou les autres pour nos erreurs, mais la véritable croissance survient lorsque nous acceptons la responsabilité de nos choix. Cela nous donne le pouvoir de changer et d'améliorer notre trajectoire.

Apprendre de nos erreurs

Les erreurs ne sont pas des échecs, mais des opportunités d'apprentissage. Comme l'a dit Thomas Edison, "Je n'ai pas échoué. J'ai trouvé 10 000 façons qui ne fonctionnent pas." Lorsque nous analysons nos erreurs, nous pouvons découvrir des leçons précieuses. L'homme quel qu'il soit, est enclin à commettre des erreurs. Pour avancer, il doit les accepter et se préparer à les corriger, car de celles-ci l'homme apprend. Mais il est encore important que l'homme soit encadré pour s'améliorer et abandonner les mauvaises pistes, car les bonnes habitudes servent à protéger et tiennent à distance le malheur.

Il est important de ne pas craindre l'échec, mais de le voir comme un moyen de progresser. Lorsque nous identifions ce qui n'a pas fonctionné dans le passé, nous pouvons éviter de reproduire ces erreurs à l'avenir et développer des stratégies plus efficaces.

Le plan pour l'avenir

L'analyse rétrospective nous permet de créer un plan pour l'avenir. Comme l'a dit Abraham Lincoln, "L'avenir appartient à ceux qui se préparent aujourd'hui." En examinant nos pas précédents, nous pouvons définir des objectifs plus clairs et des étapes concrètes pour les atteindre.

Nous pouvons également identifier les ressources et les compétences dont nous aurons besoin pour réussir. Cette planification basée sur l'analyse rétrospective nous donne une vision plus précise de notre trajectoire future et nous permet de prendre des décisions plus éclairées.

En conclusion, l'analyse rétrospective de nos pas précédents et de nos erreurs est un outil puissant pour notre développement personnel. Elle nous permet de comprendre notre passé, d'assumer la responsabilité de nos choix, d'apprendre de nos erreurs et de planifier un avenir plus prometteur. En tirant des leçons de notre histoire, nous pouvons progresser avec confiance vers nos objectifs et aspirations.

Comment tirer des enseignements de ces expériences pour l'avenir

Le passé est une source inestimable de leçons qui peuvent éclairer notre chemin vers l'avenir. Dans cette deuxième partie, nous explorerons comment nous pouvons tirer des enseignements de nos expériences passées pour prendre des décisions éclairées et façonner notre avenir.

La réflexion comme clé de l'apprentissage

La réflexion est le premier pas vers l'apprentissage à partir de nos expériences passées. Comme l'a dit Confucius, "L'homme qui tire une leçon de ses échecs est celui qui réussit." Prendre le temps de réfléchir sur nos actions passées, nos choix et leurs conséquences nous permet d'extraire des enseignements précieux.

La réflexion peut se faire à travers l'écriture, la méditation ou la discussion avec un ami de confiance. Elle nous amène à nous poser des questions sur nos motivations, nos décisions et les résultats obtenus. Cette introspection est essentielle pour identifier les domaines où nous pouvons nous améliorer.

La notion de patrons de comportement

En examinant notre passé, nous pouvons souvent identifier des modèles de comportement récurrents. Comme l'a dit Warren Buffett, "Le meilleur investissement que vous puissiez faire est en vous-même." L'analyse de ces modèles nous permet de comprendre ce qui nous pousse à agir de certaines manières dans des situations spécifiques.

Par exemple, si nous constatons que nous avons tendance à éviter les confrontations, nous pouvons nous demander pourquoi et réfléchir à des moyens de gérer les conflits de manière plus efficace à l'avenir. La prise de conscience de nos schémas de comportement nous donne la possibilité de les ajuster pour obtenir de meilleurs résultats.

L'évolution de nos objectifs

Nos objectifs et nos priorités peuvent évoluer au fil du temps. Comme l'a dit Steve Jobs, "Votre travail va remplir une grande partie de votre vie, et la seule façon d'être vraiment satisfait est de faire ce que vous croyez être un excellent travail."

En examinant notre passé, nous pouvons voir comment nos objectifs ont changé en fonction de nos expériences et de notre croissance personnelle. Cela nous permet de nous assurer que nos objectifs actuels sont alignés sur nos valeurs et nos aspirations actuelles.

La planification pour l'avenir

Tirer des enseignements de nos expériences passées est essentiel pour planifier notre avenir. Comme l'a dit Alan Lakein, un expert en gestion du temps, "La planification est apporter le futur dans le présent pour que vous puissiez le faire quelque chose maintenant."

En utilisant les enseignements de notre passé, nous pouvons élaborer des plans concrets pour atteindre nos objectifs futurs. Nous pouvons éviter de répéter les erreurs passées, capitaliser nos forces et nos réussites antérieures, et prendre des décisions éclairées pour notre avenir.

En conclusion, tirer des enseignements de nos expériences passées est un élément crucial de notre développement personnel et de notre progression dans la vie. Cela demande de la réflexion, de la reconnaissance de nos modèles de comportement, de l'adaptation de nos objectifs et de la planification pour l'avenir. En utilisant le passé comme guide, nous pouvons créer un avenir plus éclairé et plus gratifiant.

Chapitre 10

LA GESTION DU TEMPS

L'importance de la gestion du temps

La gestion du temps est un facteur incontournable pour quiconque souhaite accomplir ses objectifs et réaliser ses rêves. Dans cette première partie, nous explorerons l'importance de la gestion du temps dans la planification de notre vie et dans l'atteinte de nos objectifs.

Le temps, notre ressource précieuse

Le temps est une ressource limitée et précieuse. Comme l'a dit Jim Rohn, "Le temps est plus précieux que l'argent. Vous pouvez gagner plus d'argent, mais vous ne pouvez pas gagner plus de temps." Une fois que le temps est écoulé, il ne peut pas être récupéré. C'est pourquoi il est essentiel de l'utiliser de manière judicieuse et efficace.

La gestion du temps nous permet de maximiser notre utilisation de cette ressource limitée. Elle consiste à établir des priorités, à planifier nos activités et à minimiser les distractions pour que chaque instant compte.

Atteindre ses objectifs grâce à la gestion du temps

La gestion du temps est un outil puissant pour atteindre nos objectifs. Comme l'a dit Brian Tracy, expert en développement personnel, "La gestion du temps est la clé du succès."

Lorsque nous gérons notre temps de manière efficace, nous pouvons consacrer plus de temps à des activités productives qui nous rapprochent de nos aspirations. Cela signifie qu'il faille identifier nos objectifs, identifier les étapes nécessaires pour les atteindre et établir du temps à leur réalisation.

La réduction du stress et de la pression

Une mauvaise gestion du temps peut entraîner des stress, de la pression et ainsi de la procrastination. Si les stress résultent de la surcharge de travail due à une mauvaise planification, en revanche, une gestion efficace du temps permet de réduire les stress par l'organisation du travail et, partant de tâches, à respecter les délais et à éviter la précipitation de dernière minute. Comme l'a dit Karen Lamb, "Un an à partir de maintenant, vous souhaiterez avoir commencé aujourd'hui."

En évitant de remettre les choses à plus tard, nous pouvons accomplir nos tâches de manière sereine et efficace.

La valeur du temps personnel

La gestion du temps ne concerne pas seulement le travail et les responsabilités. Elle englobe également la gestion du temps personnel. Comme l'a dit Earl Nightingale, "N'occupez pas votre temps avec des choses qui n'ont pas d'importance."

Il est essentiel de réserver du temps pour nos loisirs, notre famille, nos amis et nos activités qui nous ressourcent. Une gestion équilibrée du temps nous permet de maintenir une qualité de vie élevée et de préserver notre bien-être mental et émotionnel.

En conclusion, la gestion du temps est une donne essentielle pour réussir dans la vie. Elle nous permet d'optimiser notre utilisation de temps, d'atteindre nos objectifs, de réduire le stress et de maintenir un équilibre entre nos responsabilités et notre temps personnel. En comprenant l'importance de cette compétence, nous pouvons mieux planifier notre avenir et poursuivre nos ambitions avec succès.

Comment chaque jour est une opportunité pour progresser

Chaque jour qui se lève est une opportunité précieuse pour progresser et avancer vers nos objectifs. Dans cette deuxième partie, nous explorerons comment nous pouvons exploiter au maximum chaque journée pour nous rapprocher de nos aspirations.

La puissance de la consistance

La consistance est la clé de la progression quotidienne. Comme l'a souligné Anthony Robbins, un célèbre coach en développement personnel, "C'est dans vos moments de décision que votre destin est forgé."

Chaque jour, nous prenons d'innombrables décisions, certaines plus importantes et d'autres moins. La consistance dans nos choix et nos actions nous permet de maintenir le cap vers nos objectifs. Par exemple, si notre objectif est d'améliorer notre santé, prendre la décision quotidienne de manger sainement et de faire de l'exercice est essentiel pour progresser vers cet objectif.

La planification de la journée

La gestion du temps commence par la planification de notre journée. Comme l'a dit Benjamin Franklin, "Perdez pas de temps, il en reste moins que vous ne pensez." La planification nous permet de définir nos priorités et d'allouer du temps à des activités essentielles.

La première étape consiste à établir une liste des tâches à accomplir pour la journée. Il est important de hiérarchiser ces tâches en fonction de leur importance et de leur urgence. Cette liste devient notre guide pour la journée, nous aidant à rester concentrés sur nos objectifs.

Éviter la procrastination

La procrastination est l'ennemie de la progression quotidienne. Comme l'a dit Karen Lamb, "Un an à partir de maintenant, vous souhaiterez avoir commencé aujourd'hui." Chaque jour de procrastination nous éloigne de nos objectifs.

Pour éviter la procrastination, il est important de reconnaître les sources de distraction et de les minimiser. Cela peut inclure la gestion du temps passé sur les médias sociaux, la réduction des interruptions au travail ou l'établissement de limites claires pour les activités non productives.

La discipline et l'auto-motivation

La discipline est un élément essentiel de la progression quotidienne. Comme l'a dit Jim Rohn, "La discipline est la chose qui vous fait faire les choses que vous ne voulez pas faire pour que vous puissiez faire les choses que vous voulez faire."

La discipline implique de maintenir notre engagement envers nos objectifs, même lorsque la motivation diminue. Elle consiste à agir même lorsque cela semble difficile. Pour cultiver la discipline, il est utile de se rappeler régulièrement nos raisons pour lesquelles nous poursuivons nos objectifs.

La réflexion et l'apprentissage constant

Chaque jour offre également une opportunité pour la réflexion et l'apprentissage. Comme l'a dit Albert Einstein, "L'apprentissage n'est pas le produit de l'enseignement, mais de la capacité à penser par soi-même."

En prenant le temps de réfléchir sur nos expériences quotidiennes, nous pouvons identifier les leçons apprises et les domaines où nous pouvons nous améliorer. L'apprentissage constant est la clé de l'adaptation et de la croissance personnelles.

En conclusion, chaque jour est une opportunité précieuse pour progresser vers nos objectifs et aspirations. La consistance, la planification, la gestion de la procrastination, la discipline, la réflexion et l'apprentissage constant sont des éléments clés de la progression quotidienne. En les intégrant dans notre routine quotidienne, nous pouvons exploiter au maximum chaque journée pour avancer vers une vie plus épanouissante et réussie.

Chapitre 11

L'ART DE LA PERSEVERANCE

L'importance de rester constant et déterminé

La persévérance est une qualité essentielle dans la poursuite de nos objectifs et de nos rêves. Dans cette première partie, nous allons explorer l'importance de maintenir une détermination constante pour surmonter les obstacles et atteindre nos aspirations.

La route vers la réussite est rarement linéaire

Le chemin vers la réussite est rarement un parcours dépourvu d'embûches. Comme l'a dit Winston Churchill, "Le succès, c'est d'aller d'échec en échec sans perdre son enthousiasme." Il est courant de rencontrer des défis, des revers et des moments de doute en cours de route.

Cependant, c'est précisément dans ces moments difficiles que la persévérance entre en jeu. C'est notre capacité à persister malgré les obstacles qui déterminent souvent notre succès final. Les grands accomplissements sont souvent le résultat de la persévérance face à l'adversité.

La volonté inébranlable de réussir

La persévérance repose sur une volonté inébranlable de réussir. Comme l'a dit Thomas Edison, "Le génie, c'est 1 % d'inspiration et 99 % de transpiration." Celle-ci représente à la fois la persévérance, la détermination et la disposition à travailler dur pour atteindre nos objectifs.

Pour maintenir cette volonté, il est essentiel de garder nos objectifs à l'esprit et de visualiser le succès que nous voulons atteindre. Les personnes persévérantes sont capables de se rappeler constamment pourquoi elles ont commencé ce voyage et quelles sont les récompenses qui les attendent à la fin du combat.

Apprendre de l'échec

L'échec fait partie intégrante du processus de persévérance. Comme l'a dit Michael Jordan, l'une des plus grandes stars du basketball, "J'ai raté 9 000 tirs dans ma carrière. J'ai perdu presque 300 matchs. 26 fois, on m'a fait confiance pour prendre le tir de la victoire et je l'ai raté. J'ai échoué encore et encore dans ma vie. C'est pourquoi j'ai réussi."

Chaque échec peut être considéré comme une leçon. Il nous offre l'opportunité de réfléchir, d'apprendre et de nous améliorer. La persévérance nous pousse à ne pas abandonner à la première difficulté, mais plutôt à voir l'échec comme une étape vers la réussite.

La résistance à l'abandon

La persévérance implique également la résistance à l'abandon prématuré. Trop souvent, les individus abandonnent juste avant d'atteindre leur objectif parce qu'ils ne voient pas de résultats immédiats. Comme l'a dit Confucius, "Notre plus grande gloire n'est pas de ne jamais tomber, mais de nous relever chaque fois que nous tombons."

Pour maintenir cette résistance, il est utile de se rappeler que la persévérance est un marathon, pas un sprint. Les succès durables prennent du temps à construire, et chaque petit pas compte vers la réalisation de nos aspirations.

En conclusion, la persévérance est la clé de la réussite dans la poursuite de nos objectifs. Elle nous aide à surmonter les obstacles, à maintenir une volonté inébranlable de réussir, à apprendre de l'échec et à résister à l'abandon prématuré. En comprenant l'importance de la persévérance, nous pouvons maintenir notre détermination constante et avancer vers la réalisation de nos rêves.

Comment la persévérance peut surmonter presque tous les obstacles

La persévérance est une force puissante qui peut nous permettre de surmonter presque tous les obstacles qui se dressent sur notre chemin. Dans cette deuxième partie, nous essaierons de donner en détail comment la persévérance peut nous aider à triompher face à l'adversité.

La persévérance comme clef de la résolution de problèmes

Lorsque nous sommes confrontés à des obstacles apparemment insurmontables, il est facile de perdre espoir. Cependant, la persévérance nous pousse à chercher des solutions plutôt que de simplement abandonner. Comme l'a dit Albert Einstein, "Je n'ai pas de talent particulier, je suis seulement passionnément curieux."

La persévérance nous incite à explorer différentes approches, à demander de l'aide et à persévérer jusqu'à ce que nous trouvions une solution. Elle nous permet de transformer des problèmes en opportunités et de surmonter des défis apparemment insurmontables.

La persévérance face à l'échec et au rejet

L'échec et le rejet sont des expériences inévitables dans la vie, mais la persévérance nous aide à les affronter avec courage. Comme l'a dit J.K. Rowling, l'auteure de la série Harry Potter, "L'échec est une option, la peur n'en est pas une."

Lorsque nous sommes rejetés ou que nous échouons, la persévérance nous encourage à persister malgré tout. Elle nous rappelle que même les personnes les plus réussies ont connu l'échec à un moment donné. En persévérant à travers les moments difficiles, nous avons la possibilité d'atteindre des réalisations extraordinaires.

La persévérance dans la gestion du temps

La gestion du temps est essentielle pour la réussite, et la persévérance nous aide à maintenir une discipline constante. Comme l'a dit Benjamin Franklin, "Perds aujourd'hui plus de temps qu'il ne l'est nécessaire, et tu trouveras moins de temps demain qu'il ne l'est possible."

La persévérance nous pousse à établir des priorités, à éviter la procrastination et à maintenir une routine productive. Elle nous rappelle que chaque jour est une opportunité de progresser vers nos objectifs et que chaque petit pas compte.

La persévérance comme source d'inspiration

Enfin, la persévérance peut inspirer les autres. Lorsque les gens voient notre détermination à surmonter les obstacles, cela peut les encourager à persévérer dans leurs propres défis. Comme l'a dit Mahatma Gandhi, "Soyez le changement que vous voulez voir dans le monde."

En résumé, la persévérance est une force inestimable qui peut nous aider à surmonter presque tous les obstacles. Elle nous pousse à résoudre les problèmes, à faire face à l'échec et au rejet, à gérer notre temps efficacement et à inspirer les autres. Grâce à la persévérance, nous pouvons atteindre des sommets que nous n'aurions jamais cru possibles.

Chapitre 12

DES CHOIX IMPORTANTS

Les moments de décision

La vie est faite de moments où des décisions cruciales doivent être prises. Dans cette première partie, nous allons explorer ces moments décisifs et comment ils influencent notre destinée.

La vie comme un ensemble de choix

La vie est souvent comparée à un chemin que nous empruntons. Chaque tournant sur ce chemin représente une décision que nous devons prendre. Comme l'a écrit Robert Frost dans son célèbre poème "The Road Not Taken," "Deux chemins divergeaient dans un bois, et moi, j'ai pris le moins fréquenté, et cela a fait toute la différence."

Nos choix déterminent la trajectoire que nous suivons, et certains choix sont plus importants que d'autres. Ils peuvent changer le cours de notre vie de manière significative, que ce soit en matière de carrière, de relations, ou de valeurs personnelles.

Les pressions et les influences externes

Les décisions cruciales sont souvent entourées de pressions et d'influences externes. Que ce soit sous la pression de la société, de la famille, des amis ou du travail, il peut être difficile de prendre des décisions importantes en toute indépendance.

Cependant, il est essentiel de se rappeler que chaque individu détient le pouvoir de choisir sa propre voie. Comme l'a dit Viktor Frankl, "Entre le stimulus et la réponse, il y a un espace. Dans cet espace se trouve notre pouvoir de choisir notre réponse."

La peur de l'inconnu

L'un des principaux obstacles à la prise de décisions cruciales est la peur de l'inconnu. Nous avons tendance à préférer ce qui est familier et confortable, même si cela ne nous satisfait pas pleinement.

Pourtant, c'est souvent en sortant de notre zone de confort que nous faisons des choix qui nous permettent de grandir et de nous épanouir. Prendre des décisions courageuses et audacieuses peut nous conduire vers des expériences et des opportunités extraordinaires.

Le pouvoir de la réflexion et de la préparation

Pour prendre des décisions importantes, il est essentiel de prendre le temps de réfléchir et de se préparer. Il peut être utile de peser les avantages et les inconvénients, de rechercher des conseils avisés, et de méditer sur nos valeurs et nos aspirations.

Comme l'a dit Socrate, "La vie non examinée n'en vaut pas la peine." En examinant nos choix de manière approfondie, nous sommes plus susceptibles de prendre des décisions qui sont en accord avec notre véritable moi.

En conclusion, la vie est jalonnée de moments de décision cruciaux qui façonnent notre destinée. Ces choix sont influencés par des pressions externes, la peur de l'inconnu, mais aussi par notre propre pouvoir de réflexion et de préparation. En faisant des choix conscients et courageux, nous pouvons créer la vie que nous désirons vraiment.

Comment prendre ces décisions avec sagesse

Prendre des décisions cruciales avec sagesse est essentiel pour éviter les regrets et pour s'assurer que nos choix sont en harmonie avec nos valeurs et nos aspirations.

Dans cette deuxième partie, nous allons explorer les principes de la sagesse dans la prise de décisions.

Écouter sa voix intérieure

Lorsque nous sommes confrontés à une décision cruciale, il est important d'écouter notre voix intérieure. Notre intuition, notre instinct, et nos valeurs profondes peuvent nous guider vers la meilleure option. Comme le dit Paulo Coelho, "Lorsque vous voulez quelque chose, tout l'univers conspire à vous aider à réaliser votre désir."

Cependant, il est également important de ne pas confondre l'intuition avec la peur ou l'impulsivité. Prendre le temps de se connecter avec ses émotions et de méditer sur la décision à prendre peut aider à clarifier ce que l'on ressent réellement.

Considérer les conséquences à long terme

La sagesse dans la prise de décisions implique souvent de prendre en compte les conséquences à long terme. Il est facile de se laisser emporter par des désirs immédiats, mais il est souvent préférable de penser à comment nos choix affecteront notre avenir.

Warren Buffett, l'un des investisseurs les plus prospères au monde, a dit : "La règle numéro 1 en investissement est de ne jamais perdre d'argent. La règle numéro 2 est de ne jamais oublier la règle numéro 1." Cette philosophie peut s'appliquer à de nombreuses décisions de la vie.

Rechercher des conseils avisés

S'entourer de personnes avisées et bienveillantes peut également contribuer à la sagesse dans la prise de décisions. Les amis, la famille, les mentors et les conseillers peuvent offrir des perspectives différentes et des conseils précieux.

Cependant, il est important de se rappeler que la décision finale nous revient toujours. Comme l'a dit Mahatma Gandhi, "Vous êtes le maître de votre destinée. Vous êtes le capitaine de votre âme." En fin de compte, c'est à nous de peser les conseils reçus et de prendre la décision qui résonne le plus avec notre être intérieur comme l'a dit également Dialungana Kiangani, deuxième chef spirituel de l'Eglise Kimbanguiste, quand on t'apprend la sagesse, il faut déjà avoir ta propre sagesse.

Apprendre des erreurs passées

La sagesse dans la prise de décisions découle souvent de l'apprentissage des erreurs passées. Chaque choix, qu'il soit couronné de succès ou d'échec, peut nous enseigner quelque chose sur nous-mêmes et sur la vie.

Comme l'a dit Nelson Mandela, "Je ne perds jamais. Soit je gagne, soit j'apprends." En adoptant cette attitude, nous pouvons aborder les décisions cruciales avec la sagesse acquise grâce à nos expériences passées.

En conclusion, prendre des décisions cruciales avec sagesse implique d'écouter sa voix intérieure, de considérer les conséquences à long terme, de rechercher des conseils avisés et d'apprendre des erreurs passées. En suivant ces principes, nous pouvons prendre des décisions qui nous rapprochent de la vie que nous souhaitons vivre.

Chapitre 13

LES RELATIONS INTERPERSONNELLES

L'impact des relations familiales

Les relations familiales jouent un rôle essentiel dans notre parcours de vie. Elles influencent nos valeurs, nos croyances, et nos choix de manière profonde et durable. Dans cette première partie, nous allons explorer l'impact des relations familiales sur notre développement personnel.

La famille comme fondation

Notre famille d'origine est souvent la première source de soutien et d'influence dans nos vies. Comme le dit Barbara Bush, "À la fin de la journée, il n'y a que trois choses qui importent : comment vous avez vécu, comment vous avez aimé et comment vous avez appris à laisser partir."

Les relations familiales peuvent être sources de bonheur et d'épanouissement, mais elles peuvent aussi être complexes et parfois conflictuelles. Il est important de comprendre que chacun a son propre cheminement et ses propres défis. La compassion et la communication sont essentielles pour maintenir des relations familiales positives.

L'apprentissage des valeurs

Nos familles nous enseignent nos premières leçons sur les valeurs. Que ce soit la loyauté, le respect, la générosité ou l'honnêteté, ces valeurs nous accompagnent tout au long de notre vie. Comme le dit Maya Angelou, "Nous devons honorer nos racines de manière à ce que d'autres veuillent en faire partie."

Cependant, il est important de se rappeler que nous avons également le pouvoir de choisir nos propres valeurs. Nos relations familiales peuvent nous inspirer, mais nous sommes libres de les redéfinir à mesure que nous évoluons.

Les défis et la croissance

Les relations familiales ne sont pas toujours faciles, et les conflits font partie intégrante de ces liens. Cependant, les défis que nous rencontrons au sein de notre famille peuvent aussi être des occasions de croissance personnelle.

Comme l'a dit Carl Jung, "Tout ce à quoi vous résistez persiste, tout ce que vous acceptez vous transforme." En faisant face aux conflits et en les abordant avec ouverture et compréhension, nous pouvons renforcer nos relations familiales et grandir en tant qu'individus.

En conclusion, les relations familiales sont la fondation sur laquelle nous construisons nos vies. Elles nous enseignent des valeurs, nous offrent un soutien essentiel, et nous défient à grandir. En comprenant l'impact de nos relations familiales, nous pouvons mieux naviguer dans notre parcours personnel.

Équilibrer les relations familiales avec ses aspirations personnelles

La gestion des relations familiales tout en poursuivant nos aspirations personnelles est une tâche délicate, mais essentielle pour notre épanouissement. Dans cette deuxième partie, nous explorerons comment trouver cet équilibre délicat.

L'équilibre des priorités

Comme le dit Anne-Marie Slaughter, "L'équilibre entre le travail et la vie personnelle, c'est une notion fausse. Le défi est de donner la priorité à toutes les choses importantes dans votre vie." Cette déclaration s'applique également aux relations familiales. Il est important de hiérarchiser ce qui compte le plus pour vous, qu'il s'agisse de votre carrière, de vos passions personnelles ou de vos liens familiaux.

Trouver l'équilibre signifie parfois faire des compromis. Par exemple, si vous avez des aspirations professionnelles importantes, cela peut signifier consacrer moins de temps à votre famille à certains moments. Cependant, il est crucial de communiquer ouvertement avec votre famille pour éviter les malentendus et les ressentiments.

La communication et la compréhension

La communication est la clé pour équilibrer les relations familiales avec vos aspirations personnelles. L'écoute active et la discussion ouverte permettent à chacun de comprendre les besoins et les désirs des autres.

Il est essentiel d'expliquer à votre famille pourquoi vos aspirations personnelles sont importantes pour vous. Comme le souligne Jim Rohn, "Pour que les choses changent, vous devez changer. Pour que les choses s'améliorent, vous devez vous améliorer." En montrant comment vos aspirations contribuent à votre propre croissance et à votre bonheur, vous pouvez obtenir le soutien et la compréhension de votre famille.

La gestion du temps

Équilibrer les relations familiales avec ses aspirations personnelles nécessite également une gestion efficace du temps. Planifier votre emploi du temps de manière à consacrer du temps de qualité à votre famille et à vos projets personnels est essentiel.

Utilisez des outils de gestion du temps tels que des calendriers et des listes de tâches pour vous aider à organiser votre vie. Comme l'a dit Benjamin Franklin, "Perds pas de temps, car c'est la matière dont la vie est faite." En maximisant votre temps et en étant conscient de la manière dont vous l'utilisez, vous pouvez trouver cet équilibre.

Exemples concrets

Pour illustrer ces principes, prenons l'exemple d'Alice, une femme ambitieuse qui poursuit une carrière exigeante tout en étant mère de deux enfants. Alice a réussi à équilibrer sa carrière et sa vie de famille en communiquant ouvertement avec son conjoint sur ses aspirations professionnelles et en élaborant un plan de garde d'enfants flexible.

De plus, Alice a intégré ses enfants dans ses aspirations en les encourageant à poursuivre leurs propres passions. Cette approche a permis à Alice de maintenir des liens familiaux forts tout en poursuivant ses rêves professionnels.

En conclusion, équilibrer les relations familiales avec nos aspirations personnelles est un défi, mais il est réalisable avec une communication ouverte, une gestion efficace du temps et des compromis. Trouver cet équilibre contribue à notre bien-être et à notre épanouissement personnel.

Chapitre 14

L'HERITAGE LAISSE DERRIERE

Réflexions sur la signification de l'héritage

L'héritage que nous laissons derrière nous est un sujet profond de réflexion. Il va bien au-delà des biens matériels que nous pourrions transmettre. Dans cette première partie, nous allons explorer la signification de l'héritage et comment il façonne notre vie et celle des générations futures.

Le legs immuable

Comme le disait Maya Angelou, "Nous laissons tous un héritage derrière nous. Les choses que vous faites, les paroles que vous dites, tout ce que vous êtes et tout ce que vous devenez, cela reste." Cela souligne que notre héritage est inévitable, et chaque action que nous entreprenons contribue à notre héritage, qu'il soit positif ou négatif.

La générosité des parents est un gage pour des générations et la descendance. Elle prépare un terrain fertile où les autres peuvent trouver une moisson abondante préparée par les bonnes œuvres des prédécesseurs. Ainsi que l'a si bien dit Diangienda Kuntima, premier chef spirituel de l'Eglise Kimbanguiste : je m'aide en aidant les autres.

Penser à l'héritage que nous laissons derrière nous nous pousse à être plus conscients de nos actions et de nos paroles. Cela nous rappelle que nous avons un impact sur le monde qui nous entoure et que nos choix influencent ceux qui nous entourent.

La transmission des valeurs

L'un des aspects les plus importants de l'héritage est la transmission des valeurs. Nelson Mandela a souligné l'importance de cette idée en disant : "L'éducation est l'arme la plus puissante que vous pouvez utiliser pour changer le monde." En enseignant et en incarnant des valeurs telles que la tolérance, la compassion, l'intégrité et la persévérance, nous créons un héritage qui inspire les autres à faire de même.

Nos valeurs façonnent notre caractère, et notre caractère à son tour influence nos actions. En transmettant des valeurs positives à nos enfants et à ceux qui nous entourent, nous contribuons à façonner un monde meilleur pour les générations futures.

La mémoire vivante

Enfin, notre héritage se traduit souvent par la mémoire que nous laissons dans l'esprit des autres. Les souvenirs que nous créons avec nos proches, les expériences que nous partageons et les moments précieux que nous offrons deviennent une partie de notre héritage. Comme le dit Susan Griffin, "Nos souvenirs sont les seules richesses que nous pouvons vraiment posséder."

Cela souligne l'importance de créer des souvenirs significatifs avec nos proches, de cultiver des relations positives et de laisser une empreinte émotionnelle durable dans la vie des autres. Ces souvenirs deviennent une source d'inspiration et de réconfort pour ceux qui nous survivent.

En conclusion, réfléchir à l'héritage que nous laissons derrière nous nous rappelle l'importance de nos actions, de nos valeurs et de nos relations. Notre héritage est une trace immuable de notre passage sur cette terre, et il est de notre responsabilité de le façonner de manière à laisser un impact positif sur le monde et sur les générations futures.

Comment les pas que nous faisons peuvent influencer les générations futures

Notre existence est tissée dans le temps, et les pas que nous faisons laissent des empreintes durables qui peuvent façonner les générations futures de manière inattendue mais profonde.

L'inspiration par l'exemple

Comme le suggère la citation célèbre d'Albert Schweitzer, "Le respect de la vie est le premier et le plus fondamental des devoirs, et c'est lui qui inspire tous les autres." Nos actions et nos choix en tant qu'individus peuvent inspirer les générations futures à suivre des voies similaires. Lorsque nous incarnons des valeurs telles que la compassion, la tolérance, la persévérance et la générosité, nos enfants et petits-enfants sont plus enclins à adopter ces valeurs et à les transmettre à leur tour.

Prenons l'exemple de Rosa Parks, qui a refusé de céder son siège dans un bus de Montgomery, en Alabama, en 1955, déclenchant ainsi le mouvement pour les droits civiques. Son acte de résistance pacifique a eu un impact profond sur les générations futures en inspirant des milliers de personnes à lutter pour l'égalité des droits. De même, les actions héroïques de nombreux autres individus, de Martin Luther King Jr. à Malala Yousafzai, ont influencé positivement les générations futures en montrant la voie du changement et de l'engagement.

Les connaissances transmises

L'éducation est l'un des moyens les plus puissants d'influencer les générations futures. Les connaissances que nous transmettons à nos enfants et à nos élèves deviennent un outil pour façonner leur compréhension du monde et leurs choix futurs. Comme l'a dit Nelson Mandela, "L'éducation est l'arme la plus puissante que vous pouvez utiliser pour changer le monde." Lorsque nous investissons dans l'éducation, nous donnons aux générations futures les compétences nécessaires pour résoudre les problèmes, innover et progresser.

Pensons à l'exemple d'Alan Turing, le mathématicien et informaticien dont les travaux ont été cruciaux pour le décodage de l'Enigma allemande pendant la Seconde Guerre mondiale. Ses découvertes en informatique ont jeté les bases de la technologie moderne. Son influence s'étend sur plusieurs générations, car les innovations technologiques qu'il a contribué à créer ont façonné notre monde d'aujourd'hui et continueront de le faire à l'avenir.

Les traditions familiales et culturelles

Les traditions familiales et culturelles sont un autre moyen par lequel nos pas peuvent influencer les générations futures. Les coutumes, les croyances et les rituels que nous transmettons à nos enfants deviennent une partie intégrante de leur identité. Ils peuvent également influencer les choix qu'ils font tout au long de leur vie.

Par exemple, les traditions culinaires d'une famille peuvent être transmises de génération en génération, créant un lien entre les membres de la famille et préservant la culture. De même, les croyances religieuses ou spirituelles peuvent avoir un impact profond sur la manière dont les générations futures perçoivent le monde et prennent des décisions morales.

La responsabilité en héritage

En conclusion, chaque pas que nous faisons dans la vie peut laisser une empreinte sur les générations futures. Que ce soit par l'exemple que nous donnons, les connaissances que nous transmettons, les traditions que nous préservons ou les valeurs que nous incarnons, nous avons la responsabilité de façonner un héritage positif pour les générations à venir. Notre influence peut se propager bien au-delà de notre propre vie, et c'est une responsabilité que nous devons assumer avec soin et réflexion. En fin de compte, notre héritage est un reflet de qui nous sommes en tant qu'individus et de ce que nous considérons comme important dans la vie.

Chapitre 15

LE DERNIER PAS

Le passage de l'homme vers la fin de sa vie

La vie est une aventure qui, tôt ou tard, nous mène au dernier pas, à la transition finale. Ce moment est à la fois inévitable et empreint de mystère, et il suscite une réflexion profonde sur la nature de l'existence humaine.

La mort comme inévitabilité

"La vie est une maladie mortelle", disait le philosophe et écrivain français Joseph Joubert. Cette affirmation sombre reflète la réalité incontournable de la mort. Quel que soit notre parcours, nos réalisations ou nos regrets, nous sommes tous destinés à faire ce dernier pas. La mort, bien qu'elle soit souvent redoutée, fait partie intégrante de la condition humaine. Elle nous rappelle notre vulnérabilité et nous oblige à réfléchir sur la signification de la vie.

Une personne qui mène une bonne vie trouve la paix quand arrive ce moment fatidique, car elle a vécu utilement pour les autres. Nos conseils, notre expérience de vie et nos actions resterons gravés dans la vie de notre entourage et tous ceux que nous ont connu.

La diversité des expériences

La façon dont chaque individu aborde la fin de sa vie varie considérablement en fonction de facteurs tels que la culture, la spiritualité, les circonstances et les choix de vie. Certains embrassent la mort comme une étape naturelle et spirituelle, tandis que d'autres la redoutent et la repoussent. Les expériences à l'approche de la mort sont aussi variées que la vie elle-même.

Par exemple, dans certaines cultures orientales, la méditation et la préparation à la mort font partie intégrante de la vie quotidienne. Les pratiquants apprennent à accepter la mort comme une continuation du voyage de l'âme, et non comme une fin en soi. En revanche, dans de nombreuses sociétés occidentales, la mort est souvent évitée dans la conversation et vue comme un sujet tabou. Cette diversité d'approches souligne l'importance de la culture et de la spiritualité dans la manière dont nous vivons nos derniers moments.

La quête de signification

À mesure que nous nous approchons de la mort, la quête de sens devient souvent plus aiguë. Nous nous interrogeons sur le but de notre existence, sur ce que nous avons accompli et sur ce qui reste à faire. Cette introspection peut être une source de réflexion profonde et de croissance spirituelle.

Le psychiatre suisse Carl Gustav Jung a écrit : "La vie mène l'être humain à son dernier état d'existence, où il doit affronter l'ultime question de la signification." Cette question de la signification peut être particulièrement prégnante pour les personnes âgées et les personnes confrontées à des problèmes de santé graves. Certains choisissent de consacrer leurs derniers jours à la réconciliation, à la recherche de la paix intérieure ou à la transmission de leur sagesse aux générations futures.

Le dernier pas comme transition

En fin de compte, le dernier pas de l'homme, bien qu'il soit la fin de sa vie physique, est également perçu par de nombreuses cultures et traditions spirituelles comme une transition vers une nouvelle forme d'existence. L'idée de l'âme ou de l'esprit persistant au-delà du corps physique est une croyance commune à travers l'histoire de l'humanité. Cette perspective peut apporter du réconfort à ceux qui font face à la mort, en leur donnant l'espoir d'une continuité spirituelle.

En conclusion, le dernier pas de l'homme est un sujet complexe et profond qui suscite une réflexion sur la nature de la vie, de la mort et de la signification de notre existence.

Quelle que soit notre approche personnelle de ce dernier voyage, il est essentiel de l'aborder avec une ouverture d'esprit et un respect pour les croyances et les expériences diverses qui enrichissent notre compréhension de ce mystère universel.

Les réflexions finales sur le parcours et les enseignements à transmettre

À l'approche de la fin de sa vie, l'homme se tourne souvent vers la réflexion sur le parcours qu'il a suivi, les expériences qu'il a vécues et les leçons qu'il a apprises. Ce chapitre explore les réflexions finales de l'homme sur son propre voyage, ainsi que la sagesse qu'il cherche à transmettre aux générations futures.

La sagesse de l'expérience

Lorsque l'on regarde en arrière sur sa vie, on se rend compte que chaque étape, chaque succès et chaque échec, a contribué à forger la personne que l'on est devenue. Les erreurs que l'on a commises, les obstacles que l'on a surmontés, et les moments de joie et de peine ont tous joué un rôle dans notre croissance et notre développement.

Comme l'a dit Nelson Mandela, "Je ne perds jamais. Soit je gagne, soit j'apprends." Cette perspective est essentielle à mesure que l'on avance en âge, car elle permet de voir chaque expérience comme une opportunité d'apprentissage. L'homme peut alors réfléchir à ces enseignements et chercher à les transmettre à ceux qui viendront après lui.

La transmission du savoir et de la sagesse

L'un des aspects les plus précieux de l'âge avancé est la possibilité de transmettre son savoir et sa sagesse aux générations futures. Les anciens ont un rôle important à jouer en partageant leurs expériences, leurs conseils et leurs valeurs avec les jeunes. Cette transmission transgénérationnelle est essentielle pour préserver la culture, les traditions et les leçons apprises au fil du temps.

L'écrivain américain Mark Twain a dit un jour : "Quand je n'avais que 14 ans, mon père était tellement ignorant que je ne pouvais pas supporter d'être autour de lui. Mais quand j'ai eu 21 ans, j'ai été stupéfait de voir à quel point il avait appris en sept ans." Cette citation met en lumière le fait que l'appréciation de la sagesse des aînés peut grandir avec le temps. Les réflexions finales de l'homme sur son parcours peuvent être une source précieuse de conseils pour les générations futures.

La quête de l'héritage

À l'approche de la fin de sa vie, l'homme peut également se pencher sur l'héritage qu'il laisse derrière lui. Cela ne se limite pas aux biens matériels, mais englobe aussi les valeurs, les croyances et les principes qui ont guidé sa vie. L'homme peut se demander comment il souhaite être rappelé et comment son influence perdurera au-delà de sa disparition.

L'écrivaine et poétesse Maya Angelou a déclaré : "Les gens oublieront ce que vous avez dit, les gens oublieront ce que vous avez fait, mais les gens n'oublieront jamais ce que vous leur avez fait ressentir." Cette citation met en évidence l'importance des relations et de l'impact émotionnel que l'homme laisse derrière lui. Ce sont ces souvenirs et ces émotions qui constituent souvent son héritage le plus précieux.

En conclusion, les réflexions finales de l'homme sur son parcours et les enseignements qu'il cherche à transmettre sont un aspect essentiel de sa transition vers la fin de sa vie. C'est un moment de réflexion profonde sur la valeur de l'expérience, la signification de la vie et la façon dont l'homme souhaite être rappelé. Ces réflexions peuvent être une source d'inspiration et de sagesse pour les générations futures, perpétuant ainsi son influence bien au-delà de sa disparition.

Conclusion

À la fin de cette exploration intime de la vie, de ses choix, de ses épreuves et de ses triomphes, nous sommes confrontés à une réalité incontestable : chaque vie est une œuvre d'art en constante évolution. C'est une symphonie complexe de moments, de décisions et de relations qui, lorsqu'ils sont assemblés, créent une mélodie unique. Dans cette conclusion, nous plongerons profondément dans les thèmes explorés tout au long de ce voyage, tout en réfléchissant à la beauté de la condition humaine et à la richesse de l'expérience humaine.

Le livre de la vie commence par une page blanche et se remplit peu à peu de choix. Chaque décision, petite ou grande, ajoute une note à cette symphonie. C'est notre pouvoir ultime en tant qu'êtres humains : le pouvoir de choisir notre propre chemin. Les choix peuvent être guidés par la passion, la peur, l'amour ou l'ambition, mais ils sont tous des pinceaux avec lesquels nous peignons notre réalité.

Comme l'a dit Albert Camus, "La vie est le lieu où nous prenons nos décisions". Notre existence prend forme à travers nos choix, et c'est dans ces choix que réside notre liberté. Les erreurs sont inévitables, mais elles sont également des opportunités d'apprentissage. Chaque chemin emprunté, chaque bifurcation, chaque décision difficile contribue à façonner notre identité. C'est une leçon que nous rappelle cette symphonie de la vie : chaque note, même discordante, a sa place dans l'ensemble.

La vie n'est pas exempt d'obstacles. Au contraire, ce sont souvent ces défis qui donnent de la profondeur à notre expérience. Les épreuves sont les moments où nous sommes testés, où nous découvrons notre résilience, notre force intérieure. Ces moments d'adversité nous révèlent ce dont nous sommes capables, et ils nous rappellent que la persévérance peut surmonter presque tous les obstacles.

Nelson Mandela, après avoir passé 27 ans en prison, a dit : "Après avoir gravi une grande colline, on se rend compte qu'il y a encore de nombreuses collines à gravir." Cette perspicacité illustre la nature perpétuelle de la vie : il y aura toujours des hauts et des bas, mais c'est dans notre capacité à nous relever et à continuer d'avancer que réside notre véritable triomphe.

L'un des thèmes centraux de cette symphonie de la vie est la quête inlassable d'identité et d'aspiration. Qui sommes-nous réellement ? Quelles sont nos passions, nos rêves, nos croyances ? Ces questions nous accompagnent tout au long de notre parcours, et les réponses évoluent avec le temps.

À mesure que nous explorons notre identité, nous réalisons également l'impact profond que cela a sur nos choix et nos pas dans la vie. La recherche de notre véritable moi peut nous guider vers des chemins inattendus, ou nous encourager à persévérer dans la poursuite de nos rêves. En fin de compte, l'alignement de notre identité avec nos aspirations peut créer une harmonie profonde dans notre existence.

Au cœur de cette symphonie se trouvent nos relations avec les autres. Notre interaction avec la famille, les amis, les amoureux et les mentors ajoute des harmonies riches et complexes à notre mélodie personnelle. Les relations nous enrichissent, nous soutiennent et nous défient. Elles sont le reflet de notre humanité partagée.

Les réflexions finales sur le parcours et les enseignements à transmettre sont une partie cruciale de notre rôle dans la vie. Les leçons que nous avons apprises, les valeurs que nous avons chéries, et l'amour que nous avons partagé laissent derrière eux un héritage durable. Nos pas peuvent influencer les générations futures, en leur offrant des enseignements et une perspective pour naviguer dans leur propre voyage.

Le dernier pas

En fin de compte, cette symphonie de la vie se termine par un dernier pas. La mort est inévitable, mais elle est aussi une partie intégrante de l'expérience humaine.

Références Bibliographiques

L'Art de Choisir Sa Vie par Viktor E. Frankl - Un classique sur la quête de sens dans la vie.

La Route par Cormac McCarthy - Un roman explorant les choix de vie dans un monde post-apocalyptique.

La Résilience : Se Reconstruire Face à l'Adversité par Boris Cyrulnik - Un ouvrage sur la résilience humaine.

L'Alchimiste par Paulo Coelho - Un roman philosophique sur la poursuite des rêves.

Le Pouvoir des Habitudes par Charles Duhigg - Un livre sur la formation d'habitudes positives dans la vie quotidienne.

Articles

"La Psychologie du Choix : Pourquoi Faisons-nous les Décisions que Nous Faisons ?" par Barry Schwartz - Un article sur la psychologie des choix.

"La Science de la Résilience : Comment surmonter les Moments Difficiles" par American Psychological Association - Un article sur la résilience.

"La Quête d'Identité : Comprendre Qui Vous Êtes" par Psychology Today - Un article sur l'exploration de l'identité personnelle.

"L'Importance des Relations Sociales dans la Vie" par Harvard Health Publishing - Un article sur l'impact des relations sociales.

"L'Héritage et le Legs : Ce que Nous Laissons Derrière Nous" par Forbes - Un article sur l'héritage personnel et culturel.

Printed by Books on Demand GmbH, Norderstedt / Germany